LE
BOULEVART DU CRIME

VAUDEVILLE POPULAIRE EN DEUX ACTES,

PAR MM. X. Anais VEYRAT ET ALZAY,

Représenté pour la première fois, sur le théâtre des Folies-Dramatiques, le 8 juin 1841.

DISTRIBUTION :

BERTRAND, oncle de Julie............	M. CHOL.	Mme TRICOTELLE, principale locataire (50 ans)..................	Mme CLORINDE.
ROBERT, pâtissier..................	BLUM.	JULIE................................	Mme PAULINE.
CHARLES...........................	MAYER.	LE NAIN, du théâtre mécanique...	M. DESQUELS.
JOSEPH, employé au théâtre mécanique.........................	BELMONT.	UN GARÇON DE CAFÉ..............	M. HENRI.
ÉTIENNE, ami de Joseph..........	ALPHONSE	AMIS DE JOSEPH.	
UN MARCHAND DE COCO		PEUPLE.	

La scène est à Paris, sur le boulevart du Temple.

ACTE PREMIER.

Le théâtre représente le boulevart du Temple. A gauche du spectateur, le café de l'ÉPI-SCIÉ formant angle avec le spectacle mécanique, dont la façade ferme le fond du théâtre. Dans l'angle même, la porte de l'allée de Madame Tricotelle. Au milieu de la façade du spectacle mécanique, une porte avec perron pour faire la parade. A droite de cette porte, tableau représentant l'Albinos ; à gauche, la lucarne du nain avec rideau. Les coulisses de droite sont formées par les arbres du boulevart.

SCÈNE I.

ÉTIENNE, JOSEPH et ses amis, assis autour d'une table, boivent du punch, en dehors du café.*

CHOEUR.

Air de l'Entr'acte au paradis.

Servez vite, garçon,
Punch au rum et du bon.
Pan, pan, pan, pan, pan, pan.

(Ils frappent sur la table avec leurs verres, pendant la ritournelle.)

Tapons fort, du courage.
Pan, pan, pan, pan, pan, pan.
Redoublons le tapage.
Pan, pan, pan, pan, pan, pan.
Allons donc, vite et tôt.
Quand on paie, il faut,
Chaud, chaud,
Servir chaud.

* Les acteurs sont placés en tête de chaque scène comme ils doivent l'être au théâtre. Le premier inscrit tient toujours la gauche du spectateur, et ainsi de suite. Les changemens de position dans le courant des scènes sont indiqués par des notes au bas des pages.

ÉTIENNE. Ah ! ça, sérieusement, est-ce que, par hasard, tu aurais *lavé* l' mobilier d'un ami absent?

JOSEPH. J' l'ai seul'ment utilisé momentanément, d' crainte que l' ver n' s'y mette. N' sachant comment payer l' terme d' la chambre de Charles, qui, comme vous l' savez, est depuis un mois à Melun, moins occupé, j' crois, à peindre les décors du théâtre qu'à soupirer pour une jeunesse de l'endroit ; ma foi ! j' n'ai fait ni une ni deux, j'ai mis écriteau en f'sant croire à la mère Tricotelle, sa principale locataire, qu' Charles m'autorisait à louer sa chambre en garni.

ÉTIENNE. Il s'rait content s'il allait r'venir ; le v'là forcé d' coucher dans la rue.

JOSEPH. Laisse donc, il sera enchanté. J'n'ai loué que pour quinze jours, et non-seulement son terme est payé, mais il régale encore les amis. A la santé d' Charles !

TOUS. A la santé de Charles !

ÉTIENNE. Tu peux t' flatter d'entendre l' commerce !

JOSEPH. Il y aurait encore une meilleure spéculation : ça s'rait d' montrer son locataire pour deux sous. J'ai eu, un moment, l'intention de l' proposer à mon directeur, pour remplacer la femme à barbe, qui nous a été enlevée par un sapeur de la banlieue. Figurez-vous que cet habitant de Melun passe sa journée à donner des coups d' poing pour mesurer sa force, à voir les figures de cire, à essayer de casser les poupées en plâtre, et le reste du temps il tire des macarons.

TOUS. En v'là un d' jobard !

ÉTIENNE. Est-ce qu'il n'est v'nu que pour ça à Paris ?

JOSEPH. J'ai l'idée qu'il s'agit d'un mariage.

ÉTIENNE. Pour lui ?

JOSEPH. Plus souvent ! il en est incapable. C'est pour sa nièce, une jolie personne qui a de quoi.

ÉTIENNE. Eh bien ! épouse-la.

JOSEPH. Si elle voulait.

ÉTIENNE. Charges-en Mme Tricotelle, elle t'arrangera cela.

JOSEPH. Allons donc, est-ce qu'elle en a l' temps ? N' faut-il pas qu'elle aille au Palais de Justice ?

Air du vaudeville de l'Étude.

Cette singulière femelle,
Afin de voir tous les procès,
Déjeûn' à la correctionnelle,
Et dîne à la justice de paix ;
Ell' connaît toutes les remises
Et tous les arrêts de la cour.
Au lieu d'être à la cour d'assises,
Ell' f'rait bien mieux d'être assis' dans sa cour.

Elle n' jure qu' par la *Gazette des Tribunaux*.

ÉTIENNE. Elle en deviendra folle.

JOSEPH. J' crois qu' le plus fort est fait.

SCÈNE II.
LES MÊMES, Mme TRICOTELLE.

Mme TRICOTELLE, sans voir personne. Cinq ans de travaux forcés... ça valait ça.

JOSEPH, montrant Mme Tricotelle. Quand on parle du loup...

ÉTIENNE. On en voit le parapluie.

Mme TRICOTELLE, à part. Ah ! voilà M. Joseph et ses brigands d'amis. Ça n' fait rien le matin, ça dort à midi, et l' soir ça boit tout ce que ça a gagné dans la journée.
(Elle leur lance un regard effrayant.)

ÉTIENNE, à ses amis. Quelle paire d' pruneaux.

Mme TRICOTELLE, à part. Aussi, comme le dit très souvent monsieur l'Orateur, le plaisir est le premier échelon de l'échafaud.

JOSEPH, à Étienne. J' vas la faire venir.

Mme TRICOTELLE, à part. Je ne leur parlerais pas pour trois millions.

JOSEPH, à Étienne. Tu vas voir. (Haut.) J' te parie qu'il a été condamné en 1815.

ÉTIENNE. Moi j' te soutiens qu' c'est en 1817.

Mme TRICOTELLE, s'arrêtant, à part. Une condamnation !.. (Haut.) Votre servante, Messieurs.

JOSEPH. Ah ! v'là Mme Tricotelle qui va nous dire ça tout d' suite.* Est-ce en 1815 ou en 1817 ?

Mme TRICOTELLE. D'abord en 1815, nous n'avons eu que cinq condamnations capitales à Paris, et dix-huit dans les départemens. Maintenant, de qui parlez-vous ?

JOSEPH. De... de feu Calas.

Mme TRICOTELLE. Calas ! permettez-moi Messieurs de vous dire que vous n'êtes pas très forts en jurisprudence, car tout le monde sait que cet innocent a été fait mourir le 9 mars 1762, en place de Grève de la ville de Toulouse, sa patrie, malgré la défense de maître Arouet de Voltaire, qui a gagné sa cause trois ans après sa mort.

JOSEPH, à Étienne. Eh bien ! réponds à cela, ignorant.

TOUS. Est-elle instruite en tribunaux !..

Mme TRICOTELLE. Chacun sa *spéciabilité*, sans vanité, je puis dire qu'il serait un peu téméraire de vouloir m'en remontrer sur le chapitre des criminels.

Air Depuis long-temps j'aimais Adèle.

Je n'ignor' pas une sentence,
Je lis le *Droit*, et les autres journaux,
J' suis abonnée à *l'Audience*,
A la *Gazette des Tribunaux*.
Le passé seul a pour moi des ténèbres,
Mais avant peu, dussé-je vendre mes draps,
J'achèterai les crim's célèbres
Qu' vient d' publier Alexandre Dumas.

(En s'en allant.) Messieurs, votre servante.

JOSEPH. Quoi ! vous nous quittez déjà ?

Mme TRICOTELLE. Une cause qui est au rôle et que je ne puis remettre à huitaine.

JOSEPH. Ell' vous donn'ra bien l' temps d' boire un verre d' punch.

Mme TRICOTELLE, avec dégoût. Du punch ! ah ! Dieu de Dieu ! du punch à une dame... fi donc.

JOSEPH. Au rhum.

Mme TRICOTELLE, revenant. Au rhum !.. il faut donc faire ce que vous voulez. (Prenant le verre.) Messieurs, celui-ci est bien moins pour boire, que pour avoir l'honneur de vous saluer. (Elle boit et veut s'en aller.) Messieurs...

JOSEPH. Vous n'êtes pas si pressée... il n'y a plus de tribunaux, à c't'heure-ci.

Mme TRICOTELLE. Je sais bien cela, puisque c'est moi et Mme Sibois qui sommes sorties les dernières de la correctionnelle. Mais vous oubliez le conseil de discipline. C'est ce soir qu'on juge messieurs les voltigeurs, et il y a un récalcitrant qui m'intéresse beaucoup. Je n'ai, vous le voyez, que le temps de rentrer manger un morceau sous le pouce, et de courir prendre une place que cette bonne Mme Sibois me garde à la mairie du 6me. Je serais désolée de ne pas entendre la défense de M. Robert.

JOSEPH. Robert, le marchand de galette ?

Mme TRICOTELLE. Le pâtissier s'il vous plaît.

ÉTIENNE, à ses amis. En v'là un qu' j'aime peu.

TOUS. Et moi donc.

Mme TRICOTELLE. Ce jeune homme n'est encore que mon ami, mais comme bientôt...

* Joseph, Mme Tricotelle, Étienne.

JOSEPH. Vous espérez prendre la place d'honneur dans le comptoir du pâtissier ?
Mme TRICOTELLE. Ce n'est pas moi, mais Nini, l'artiste dramatique.
JOSEPH. Est-ce que?..
Mme TRICOTELLE. Vous l'avez dit; oui, Messieurs, j'ai la satisfaction de vous apprendre que Nini quitte finalement et à tout jamais les chœurs du théâtre de la Gaîté.... elle épouse M. Robert.
ÉTIENNE, à ses amis. V'là un heureux mari... de plus.
JOSEPH. C'est une fameuse perte pour le théâtre.
Mme TRICOTELLE. Comme c'est encore un secret, je vous prie de garder *l'anonyme*... les journaux pourraient bavarder.
JOSEPH. Comptez sur notre discrétion.
Mme TRICOTELLE. Messieurs à revoir. (En s'en allant.) Ces jeunes gens sont charmans.
(Joseph et ses amis se moquent d'elle jusqu'au moment où, arrivée à sa porte, elle se retourne pour leur faire la révérence. Tous la saluent.)

SCÈNE III.
LES MÊMES, puis ROBERT.

ÉTIENNE, à Joseph. La fais-tu poser !
JOSEPH. C'est une vieille folle qui ferait pendre père et mère... j' vous parie que l' mariage de sa nièce est...

ROBERT, entrant.
Air : J' suis soldat. (des enragés.)

Enfoncé !
Le conseil a prononcé.
Enfoncé !
Pour deux jours, je suis pincé.
Aux frais du gouvernement,
J'ai la table et l' logement ;
J' dis qu' j'aim'rais ses haricots ,
Si d'sous, y avait des... gigots.
Enfoncé ! enfoncé , etc.

Oui, vingt-quatre heures de prison, voilà.
JOSEPH. Eh bien! M. Robert, vous pouvez vous vanter d'avoir du bonheur au bilboquet.
ROBERT. Au bilboquet ? je n'y joue jamais.
JOSEPH. Bon, bon, gaillard de pâtissier, une condamnation et un mariage...
ROBERT. Comment, un mariage...
JOSEPH. Votre tante nous a tout dit.
ROBERT. Ma tante ? je n'ai pas de tante.
JOSEPH. Mais la future en a une.
ROBERT. Pas plus qu' moi ; la seule tante que je lui connaisse c'est son oncle.
JOSEPH. La charade va donc toujours... Mais c'est égal, nous sommes tous de la noce, à preuve que la mère Tricotelle nous a confidentiellement annoncé vot' mariage avec Nini, sa nièce.
ROBERT. Elle a osé !.. v'là du toupet ! eh bien ! puisqu'elle vous a confié sous le sceau du mystère que j'épouse sa nièce, à mon tour, je vous annonce toujours sous le même sceau... qu'elle en a craqué.
JOSEPH. Bah ! elle en a menti !
ROBERT. Non... je vous répète qu'elle craque, la vieille... Vous me croyez donc bien stupide ?
TOUS. Dame !..
ROBERT. Moi ! j'irais épouser une figurante... un rat... c'est le chat. Merci ! quoique pâtissier, je ne fais pas de si grosse boulette.
JOSEPH. Cependant on dit qu' vous êtes joliment bien avec elle.
ROBERT, avec fatuité. La croyant dans un état un peu voisin de la *panne*, et spéculant peut-être un peu trop sur son amour déréglé pour la galette, j'ai eu, j'en conviens, des idées de gants jaunes... j'ai rêvé de lui faire un sort... mais, pour le mariage...

Air du Verre.

Allons donc, vous n'y pensez pas,
Avec cette femme, en ménage,
J'irais me fourrer ! Quel faux pas !
Jamais, ainsi, je ne m'engage.
J' la r'mets toujours au lendemain :
Hier, aux Vendanges de Bourgogne,
J' lui jurai d' lui donner ma main...
Pour la conduire au bois d' Boulogne.

JOSEPH. Eh bien ! quand Mme Tricotelle saura qu' vous plantez là sa nièce !..
ROBERT. Mes mesures sont prises... elles sont... Robert-le-Diable... Pendant que je berce la vieille paroissienne de l'idée que j'épouserai sa nièce, mon mariage légitime est décidé avec une autre jeune personne... une étrangère.
JOSEPH. J' parie qu' c'est une négresse.
ROBERT. Je n' puis vous dire qu'une chose... c'est une étrangère... elle est de huit lieues d'ici... C'est une fameuse affaire, allez. Je me débarrasse de la moitié d'une rente viagère que je paie à son oncle. (Chantant.) Voilà, voilà comme on mène la vie !
JOSEPH. Gare les yeux !
ROBERT. Si je puis compter sur votre discrétion, je vous apprendrai bientôt à tous comment on sort d'une aventure galante.

(Le garçon du café sort en criant : La poule, la poule.)

CHŒUR.
Air de Robert. (le jeu, le vin.)

Le gain, au jeu, mes amis nous appelle :
Tâchons d'avoir notre tour sans retard.
Courons ! courons ! la poule sera belle ;
Bien vite, allons prendre place au billard.

SCÈNE IV.
ROBERT, puis Mme TRICOTELLE.

ROBERT. En attendant, je vais un peu laver le bonnet de la tante ; c'est qu'elle serait capable d'aller cancaner mes amourettes à M. Bertrand... et à ma future, Mlle Julie.
Mme TRICOTELLE, sortant de chez elle en mettant les sept codes dans son cabas. Mais je ne me trompe pas, c'est ce cher Robert.
ROBERT, sans la voir. Vieille bavarde.

Mme TRICOTELLE. Je pensais à vous, mon ami.
ROBERT. Et moi, je parlais de vous.
Mme TRICOTELLE. J'ai pris à peine le temps de manger pour ne pas manquer votre plaidoirie... Allons... allons.
ROBERT. J'en arrive...
Mme TRICOTELLE. Du conseil de discipline?
ROBERT. Tout est fini.
Mme TRICOTELLE. Vous ne m'avez pas attendue! Au moins, racontez-moi ça.
ROBERT. D'abord, je n'ai pas pris d'avocat.
Mme TRICOTELLE. C'est moi qui vous ai donné ce conseil... Le point de droit était si clair...
ROBERT. J'ai plaidé ma cause.
Mme TRICOTELLE. Avec les moyens que je vous ai donnés.
ROBERT. Oui.
Mme TRICOTELLE. Alors?..
ROBERT. A l'unanimité...
Mme TRICOTELLE. Vous avez été?..
ROBERT. Condamné à vingt-quatre heures de prison.
Mme TRICOTELLE. Il faut en rappeler... c'est trop vexant.
ROBERT. Il y a une chose qui me vexe encore plus... la certitude que j'ai, maintenant, que vous êtes une cancannière.
Mme TRICOTELLE. Monsieur...
ROBERT. Pourquoi avoir été dire à tous ces jeunes gens que j'épousais votre nièce?
Mme TRICOTELLE. Puisque j'ai votre parole.
ROBERT. Certainement... mais, enfin, je vous l'ai déjà dit, des raisons de parenté et de commerce me forcent de taire un amour qui ruinerait mon crédit. Les gens de mon endroit sont si bêtes.
Mme TRICOTELLE. Je le sais.
ROBERT. Et si, par une fatalité qui me fait frémir, le vieillard et la jeune fille que le guignon a, je crois, exprès logés dans votre maison, venaient à savoir que j'ai l'intention de faire un mariage artistique, je me trouverais dans de très vilains draps; je vous dirai même que mes intérêts pécuniaires seraient gravement compromis : au moindre retard d'une rente viagère que je leur paie, ces gens-là pourraient me tracasser.
Mme TRICOTELLE. Oh! alors...
ROBERT. Dans l'intérêt de votre nièce, comme dans le mien, je vous en supplie, ne cancannez pas tant avec l'octogénaire.
Mme TRICOTELLE. Monsieur, ces reproches...
ROBERT. Écoutez, j'ai le plaisir de vous connaître : après votre café, le matin, votre plus grand bonheur est de parler. Souvent, en parlant, on cause... et puis, sans le vouloir, on dit des bêtises qui font grand tort.
Mme TRICOTELLE. Pour vous plaire, je ne parlerai plus.
ROBERT. Vous me déplairez moins... et si vous consentez à rester chez vous...
Mme TRICOTELLE. Chez moi! Eh bien! et les tribunaux?
ROBERT. Allez y faire condamner votre langue, et qu'on ne vous revoie plus.

Mme TRICOTELLE. Méchant. En revanche, vous verra-t-on ce soir?
ROBERT. Impossible, le vieillard et sa nièce m'ont prié de les conduire au spectacle.

Air d'une bonne fortune.

Mme TRICOTELLE.
Partez, je n'y mets pas d'obstacle;
Mais Nini va bien s'ennuyer.
ROBERT.
Sans adieu... Des billets d' spectacle,
J' vais me munir chez l' perruquier.
Mme TRICOTELLE.
Si j' leur donnais l' billet que j' pense,
J' les enverrais...
ROBERT.
Veuillez m' dire où?
Mme TRICOTELLE.
A Melun, par la diligence.
ROBERT, à part.
Et moi, j' t'enverrais... à Moscou.

REPRISE.

Mme TRICOTELLE.
Partez, je n'y mets pas d'obstacle;
Mais Nini va bien s'ennuyer.
Allez, de billets de spectacle,
Vous munir, chez votr' perruquier.
ROBERT.
A mon amour, c'est un obstacle.
Loin d' Nini, j' vais bien m'ennuyer;
Mais il faut, d' billets de spectacle,
Me munir, chez mon perruquier.

(Il sort par la droite.)

SCÈNE V.
Mme TRICOTELLE, puis CHARLES.

Mme TRICOTELLE. Il a beau dire, je suis très contente d'avoir annoncé son mariage avec ma nièce; ça fait toujours bien, c'est un bon anticipé, ça avertit le public... Il n'y a qu'une chose qui m'offusque; c'est d'avoir permis à Joseph de sous-louer la chambre de M. Charles... Si j'avais su que Robert connût cette famille...

CHARLES, entrant en chantant.
Qu'on est heureux de trouver, en voyage,
Un bon dîner, et, surtout, un bon lit!
(Il porte sa boîte de peintre.)

Mme TRICOTELLE, à part. Tiens, voilà monsieur Charles... qu'est-ce qu'il vient donc faire à Paris?.. Est-ce qu'il veut coucher dans la rue?
CHARLES. Bonjour, Mme Tricotelle.
Mme TRICOTELLE. Votre servante, M. Charles.
CHARLES. Comment cela va-t-il?
Mme TRICOTELLE. Vous me faites honneur, elle n'est pas mauvaise, et je crois que la vôtre...
CHARLES. Merci, ça ne va pas mal; mais ça ira encore mieux quand je me serai reposé... Je viens de Melun, en me promenant.
Mme TRICOTELLE. Heureusement que c'est tout pavé...

CHARLES. Voulez-vous me donner la clé de ma chambre?
Mme TRICOTELLE. Plaît-il, Monsieur?
CHARLES. Je vous demande ma clé.
Mme TRICOTELLE. Quelle clé?
CHARLES. Celle de ma chambre.
Mme TRICOTELLE. Je ne vous comprends pas.
CHARLES. Avez-vous donc oublié que je vous l'ai remise en partant pour Melun?
Mme TRICOTELLE. Je me le rappelle très bien.
CHARLES. Eh bien, alors?..
Mme TRICOTELLE. Mais je ne vous connais plus.
CHARLES. Comment?
Mme TRICOTELLE. Depuis que vous avez sous-loué.
CHARLES. J'ai sous-loué?
Mme TRICOTELLE. Demandez-la à votre locataire.
CHARLES. J'ai un locataire?
Mme TRICOTELLE. Il lui est facultatif de vous la refuser; la loi l'y autorise.
CHARLES. Voyons, je ne suis pas en train de *bétifier*... j'ai huit lieues de pavé dans les jambes, et je veux me coucher.
Mme TRICOTELLE. Je vous plains d'oublier aussi facilement ce que vous avez écrit avant-hier à M. Joseph, votre ami.
CHARLES. Moi! Je ne lui ai pas écrit depuis quinze jours.
Mme TRICOTELLE. Ah! M. Charles, ce n'est pas délicat de renier, et vous avouerez qu'il serait trop agréable à un locataire d'avoir à la fois dans sa poche sa chambre et son terme.
CHARLES. Je sais bien que je vous le dois; votre terme.
Mme TRICOTELLE. Faites excuse, il est payé.
CHARLES. J'ai payé!.. Voyons, tâchons de nous entendre. D'abord, je vous jure sur l'honneur que je n'ai pas écrit à Joseph.
Mme TRICOTELLE. Quoi! vous me donnez votre parole?
CHARLES. Oui.
Mme TRICOTELLE. Vous faites serment de dire la vérité, toute la vérité. Alors, suivez-moi.
CHARLES. Où?
Mme TRICOTELLE. Vous êtes volé.
CHARLES. Volé!
Mme TRICOTELLE. Il ne vous reste plus qu'une chose.
CHARLES. Est-ce mon lit?
Mme TRICOTELLE. C'est le parquet de M. le procureur du roi... Venez y déposer votre plainte.
CHARLES. A qui diable en avez-vous?
Mme TRICOTELLE. Suivez mon conseil, traînez-le de tribunaux en tribunaux.
CHARLES. Le procureur du roi?
Mme TRICOTELLE. Vous prendrez pour avocat M^e... n'importe qui. Moi, je serai *témoine*.
CHARLES. Contre qui?
Mme TRICOTELLE. Contre lui... Se jouer de ma crédulité... passer un bail de 3, 6, 9, 15 jours après m'avoir assuré que vous l'autorisiez à louer votre chambre meublée,... Infâme Joseph!

CHARLES. Joseph!
Mme TRICOTELLE, montrant le café. Plus bas. Il est là avec ses complices.
CHARLES. Venez avec moi.
Mme TRICOTELLE, l'entraînant à droite. Jamais, ils sont capables de nous précipiter dans le canal.
CHARLES, riant. Laissez donc, je me charge d'arranger l'affaire.
Mme TRICOTELLE. Vous ne le pouvez pas, jeune homme. Vous parlez des tribunaux comme un aveugle des couleurs.
CHARLES. Allons donc! (Entrant dans le café.) Tout va bientôt s'éclaircir.

SCÈNE VI.

Mme TRICOTELLE.

Quel bonheur!.. Le faux est patent... La société doit être purgée de ce scélérat... Si la partie civile se désiste, moi, je porte ma plainte. Je vais donc enfin être imprimée dans la *Gazette des Tribunaux*! Quel bonheur de pouvoir jurer une fois en sa vie de dire la vérité, toute la vérité, rien que la vérité. J'aurai l'honneur de causer avec M. le président de la cour d'assises. Il me semble déjà l'entendre dire : Témoin, vos noms et prénoms? — Thérèse Sifflot, veuve Tricotelle, M. le président. — Votre profession? — Principale locataire, M. le président. — Votre âge? — Trente-deux ans... passés, M. le président. — Dites ce que vous savez. — Oui, M. le président. Alors, je défile mon chapelet, et je raconte comme quoi et comment Joseph a commis un faux qui mérite les galères, aux termes de l'article...
CHARLES et JOSEPH, riant dans la coulisse. Ah! ah! ah!
Mme TRICOTELLE. Ils rient, les sans cœur... Oh! la canaille se soutient...

SCÈNE VII.

CHARLES, Mme TRICOTELLE, JOSEPH.

JOSEPH et CHARLES.

Air : Je regarde Madelinette.

Nous venons d'arranger l'affaire.
Mme TRICOTELLE.
Qu'entends-je? Grand Dieu! quel discours!
Je m'en vais chez le commissaire :
Il faut qu' la justice ait son cours.
JOSEPH, montrant Charles.
Je me bats l'œil de la justice :
A tout c' que j'ai fait il consent.
Mme TRICOTELLE.
Je l' f'rai punir comm' vot' complice.
L' coupabl' n'est jamais innocent.

ENSEMBLE.

JOSEPH et CHARLES.
Pour nous entendr' sur cette affaire,
A vous nous n'avons pas recours.

Sans s'disputer d'vant l'commissaire,
Deux amis s'arrangent toujours.

Mᵐᵉ TRICOTELLE.

Vous n'connaissez rien en affaire,
Malgré votre air et vos discours.
Oui, je vais chez le commissaire :
Il faut qu'la justice ait son cours.

(Elle sort par la droite.)

SCÈNE VIII.
CHARLES, JOSEPH.

CHARLES. Voyons. Maintenant, où vais-je aller coucher, pendant dix jours?
JOSEPH. Dans ma chambre.
CHARLES. Y trouverais-je tout ce dont j'ai besoin, mes pinceaux, mes esquisses?
JOSEPH. S'il n'y a que cela qui te fâche, tu les auras quand tu voudras, car tu sais le moyen d'entrer chez toi sans avoir besoin de clé.
CHARLES. Je sais bien que, grace à notre porte à coulisse... tu es sûr au moins que celui à qui tu as loué ne se doute pas que cette porte secrète existe?
JOSEPH. Il faudrait être sorcier, et M. Bertrand ne l'est pas.
CHARLES. M. Bertrand !
JOSEPH. C'est le nom de ton locataire.
CHARLES. Oh! mon Dieu!
JOSEPH. Est-ce que le vieux pâtissier serait un créancier?
CHARLES. Est-il de Melun?.. A-t-il une nièce?
JOSEPH. Oui, Mˡˡᵉ Julie.
CHARLES. Oh! mon ami, mon cher ami, que tu as bien fait de louer ma chambre. Tu me sauves la vie.
JOSEPH. C'est bien sans le vouloir.
CHARLES. Je l'aime... je l'adore.
JOSEPH. Qui? l'pâtissier?
CHARLES. Non, Mˡˡᵉ Julie.
JOSEPH. Eh bien! tu arrives juste pour assister à son mariage.
CHARLES. Son mariage!
JOSEPH. Mon Dieu, oui.
CHARLES. Dis-moi vite avec qui... que je le tue.
JOSEPH. Comme tu y vas!.. Je sais qu'elle se marie... Voilà tout... Mais, avant de tuer quelqu'un, es-tu bien sûr que cette Julie soit celle...

CHARLES.
Air du vaudeville d'une Passion.

Tu m'as dit qu'elle était jolie,
Que son oncle était pâtissier,
Que Melun était sa patrie,
Que l'bon homm' n'était par sorcier.

JOSEPH.
Mais, à Melun : personne n'est sorcier.

CHARLES, avec sentiment.
Quand on a perdu sa maîtresse,
On est guidé par les amours.

JOSEPH, avec ironie.
Moyennant le nom et l'adresse,
Deux cœurs se retrouvent toujours.

SCÈNE IX.
LES MEMES, JULIE, puis BERTRAND.

BERTRAND, dans l'escalier de la maison de Mᵐᵉ Tricotelle. Julie, ne descends donc pas si vite.
JOSEPH, à Charles. V'là l'pâtissier.
JULIE, entrant en scène. Je vous attends, mon oncle.*
CHARLES. Cette voix!.. C'est elle !.. c'est Julie !..
JULIE, reconnaissant Charles. M. Charles !
BERTRAND, dans l'escalier. Mè voilà.
JULIE. Cachez-vous... car si mon oncle vous surprenait...
JOSEPH, à Charles. Sauve-toi!

(Charles entre dans le café.)

BERTRAND, entrant en scène**.
Je ne pouvais pas trouver le fourreau de mon parapluie. (Voyant Joseph.) Bonjour, jeune homme.
JULIE, à part. Comment se fait-il...
JOSEPH. Comment se porte mon locataire?
BERTRAND. Toujours très bien. Julie, tu devrais bien demander à la dame du café...
JULIE, hésitant. Quoi! vous voulez que j'entre...
BERTRAND. Et pourquoi pas? Allons donc!.. Demande à M. Joseph s'il faut être timide comme ça. On ne te mangera pas. N'est-ce pas, jeune homme, qu'à Paris on ne mange pas les femmes dans le café...
JULIE. Mon oncle... c'est que...
JOSEPH. Puisque votre oncle le désire...
BERTRAND. Vas-y, et demande deux demi-tasses et deux petits verres.
JULIE. Oui, mon oncle.
BERTRAND. J'espère, jeune Parisien, que le café ne vous fait pas peur.
JOSEPH. Au contraire, ça me donnera du ton pour faire l'annonce de notre spectacle mécanique.
BERTRAND. Bien riposté. (A Julie.) Et tu monteras tout de suite t'habiller pour le spectacle.
JULIE. Oui, mon oncle.

(Elle entre dans le café.)

BERTRAND. Je lui dis de se dépêcher, par ce que, quand une femme s'habille, elle ne se *lasse* jamais...
JOSEPH. Elle ne se lace jamais!
BERTRAND, avec malice. Non, elle ne se *lasse* jamais de nous faire attendre. Le calembour y est.
JOSEPH. Charmant! charmant! Nous embellissons la vie, à ce qu'il paraît.
BERTRAND. Depuis que j'ai eu le malheur de perdre mon épouse adorée, ma foi, je ne connais que le plaisir. Pêcher à la ligne, élever des vers à soie, faire couver des œufs de chardonnerets à mes serins, lire les bons journaux et jouer au loto, voilà ma vie.
JOSEPH. Et cela ne vous brûle pas le sang?

* Charles, Julie, Joseph.
** Julie, Bertrand, Joseph.

BERTRAND. Non. Je suis très bien constitué. Je ne crains pas les excès.

JOSEPH. Cela prouve que vous avez une bonne tête.

BERTRAND. Il paraît que je porte ma tête sur ma figure, car, en me voyant, tout le monde dit : Ah ! ah ! voilà un monsieur qui a une bien bonne tête. Les enfans disent une *bonne balle.*

JOSEPH. C'est flatteur !

BERTRAND. Aussi, je vous avoue que j'aime Paris et ses habitans, et que je vivrais très confortablement, comme disent les Anglais de Melun, dans la capitale du monde civilisé, et surtout sur le boulevart, car parole d'honneur, il renferme toutes les jouissances du globe.

Air de la valse de Jacquemin.

Gai boulevart, en ton sein tu rallies
Tous les plaisirs que l'on trouve à Paris,
Car, chaque soir, la *Gaîté*, les *Folies*,
A tout venant ouvrent leur paradis.

Tes restaurans offrent aux gastronomes
Perdrix truffée, et champagne, et porto,
Puis, aux *Titis*, nougat, chaussons aux pommes,
Galette, flan, limonade et coco.

Pour voir sa force, un protecteur des dames
Apprend le poids de son poing pour deux sous.
Et sait combien il met de kilogrammes
Sur votre nez, s'il se trouve dessous.

D'un fait douteux ignorez-vous l'augure,
Et voulez-vous avoir recours à l'art,
Pour vous tirer votre bonne aventure,
Trente sorciers couvrent le boulevart.

Le microscope à gaz ensuite attache
L'attention de vos regards surpris.
Il nous fait voir une puce à moustache,
Un moucheron avec des favoris,

Plus loin on trouve un Musée... ô magie,
Vous y voyez en brillant appareil
Mille héros en pâte de bougie,
Le sabre en main près de fondre... au soleil.

Gai boulevart, etc.

Aussi, il pourra bien se faire que ma nièce une fois mariée à Paris...

UN GARÇON, *sortant du café.* Versez au 4.

BERTRAND, *au garçon.* Aux quatre ?.. vous faites erreur, nous ne sommes que deux.

JOSEPH, *à part.* Vieux jobard. (Haut.) C'est le numéro de la table qu'il indique.

BERTRAND. Bon, bon, c'est qu'à Melun, voyez-vous, ça ne se fait pas comme ça. Allons, à table. (Ils s'assoient*.)

JOSEPH, *à part.* Tâchons de connaître le nom du rival de Charles. (Haut.) Vous dites donc que vous mariez Mlle Julie ?

BERTRAND, *au garçon.* Avec un bain de pied. (A Joseph.) C'est une affaire conclue.

JOSEPH. Et peut-on connaître le nom de l'heureux mortel...

BERTRAND. Mieux que cela, je vous le ferai

<small>* Joseph, Bertrand.</small>

voir, je l'attends, il devrait même être déjà ici, il nous mène ce soir au spectacle avec des billets de faveur.

BERTRAND. A votre santé, jeune homme.
(Bertrand et Joseph boivent.)

SCÈNE X.
LES MÊMES, CHARLES, JULIE. Ils sortent du café.

JULIE, *sortant du café.* Non, M. Charles.

CHARLES. Songez que si votre oncle me savait ici...

JULIE. Que faire, alors ?

JOSEPH, *les apercevant, à part.* Bon, les v'là, maint'nant. (Il tousse.) Hum ! hum !

BERTRAND. Vous avalez donc de travers ?

JOSEPH. Je suis enrhumé... Dites donc, M. Bertrand, il me vient une idée, puisque vous avez eu assez de confiance en moi pour m'apprendre le mariage de votre nièce, il faut qu'à mon tour...

BERTRAND. Assez, assez... Je vous vois venir avec vos gros sabots, comme nous disons à Melun... Vous vous mariez aussi, tant mieux, sacristi, je me charge d'enlever la jarretière de la mariée.

JOSEPH. Eh bien ! vous n'y êtes pas du tout... ce n'est pas de moi qu'il s'agit... mais d'un ami qui se trouve en ce moment dans un grand embarras... cet ami connaît une jeune personne qui a un oncle.

(Charles et Julie s'approchent sur la pointe du pied, et témoignent l'intérêt qu'ils prennent à la scène.)

BERTRAND. C'est comme ma nièce.

JOSEPH. Un vrai jobard.

BERTRAND. C'est comme... continuez donc.

JOSEPH. Croiriez-vous que l'oncle la lui refuse parce qu'il est artiste ?

BERTRAND. Je le crois d'autant mieux, que moi qui vous parle, j'ai fait naguères la même chose.

(Par leur pantomime, Charles et Julie montrent leur chagrin.)

JOSEPH. Vous !

BERTRAND. Je veux vous raconter cela. Il y a un mois environ, un jeune barbouilleur de Paris...

CHARLES. Un barbouilleur !

(Julie lui impose silence.)

BERTRAND. Vint à Melun et s'amouracha de Julie.

(Charles et Julie indiquent par leur pantomime qu'ils s'aiment toujours.)

JOSEPH. Ça prouve qu'il avait bon goût.

BERTRAND, *lui donnant une poignée de main.* Je vous remercie, pour ma nièce, jeune homme. Pour s'introduire chez moi, ledit barbouilleur me proposa de faire gratis, et comme étude, mon portrait en sergent de la garde nationale. Pensant que ça pouvait être utile à l'art de la peinture, j'accepte.

JOSEPH. Et vous posez...

BERTRAND. Je pose pendant quatorze jours,

lorsque tout à coup je découvre que ce portrait...
JOSEPH. N'était qu'une couleur.
BERTRAND. Pour se trouver près de ma nièce, s'en faire aimer, et peut-être même me forcer à la lui donner.
JOSEPH. Voyez-vous ça!
BERTRAND. Mais de suite je romps les chiens.
JOSEPH. Bravo.
BERTRAND. Je me dis à bon chat bon rat. J'invente une ruse.
JOSEPH. Vous?
(Charles fait un geste menaçant à Bertrand.)
BERTRAND. Sous prétexte de mener Julie promener, je la conduis dans la cour des messageries de M. Touchard, je la fais monter dans la diligence. Elle me presse alors de questions, je ne réponds pas, le postillon fouette ses chevaux, et cinq heures après nous sommes expatriés, nous arrivons à Paris, nous voyons votre écriteau, je loue la chambre, et...
JOSEPH. Les amans sont séparés.
(Charles et Julie se prennent les mains.)
BERTRAND. A jamais. Il manque cependant quelque chose à mon bonheur.
JOSEPH. Quoi donc?
BERTRAND. J'aurais voulu voir la tête de l'amoureux.
JOSEPH. Je la vois d'ici.
BERTRAND. Je la devine... Revenons à votre affaire.
JOSEPH. Ma foi, après ce que vous venez de me raconter, je n'ai plus rien à vous dire, car, à bien peu de choses près, votre histoire est tout à fait semblable à celle de mon ami. Excepté cependant que les deux jeunes gens ne sont pas séparés.
BERTRAND. Alors, c'est bien différent.
JOSEPH. Mon ami, qui veut absolument épouser celle qu'il aime, m'a chargé de chercher le moyen...
BERTRAND. D'enfoncer l'oncle.
JOSEPH. Justement... et j'avoue que je ne puis rien trouver.
BERTRAND. Les moyens neufs comme le mien sont rares... et pour peu que l'oncle ne soit pas une buse...
JOSEPH. Voyons, M. Bertrand, voulez-vous vous mettre à ma place?
BERTRAND, se levant. Très volontiers.
JOSEPH, le faisant asseoir. Non, je veux dire... à ma place, que feriez-vous?
BERTRAND, s'asseyant. Bon, bon, je ne saisissais pas votre pensée. Votre ami est un bon garçon, n'est-ce pas, incapable d'abuser...
JOSEPH. Je réponds de lui comme de moi.
(Par leurs signes, Charles et Julie remercient Joseph)
BERTRAND. Hé bien. Voici ma ruse.

Air : Taisez-vous. Semaine des amours.)

PREMIER COUPLET.

Je vais trouver la demoiselle,
Je lui dépeins mon sentiment.
A mes désirs elle est rebelle,
Moi de l'aimer je fais serment.
CHARLES, à Julie.
De vous aimer je fais serment.

BERTRAND.
Pour l'assurer de ma tendresse
Profitant de son embarras,
Un doux baiser, dans mon ivresse
Me rend vainqueur de ses appas.
JULIE, à Charles, qui veut prendre le baiser.
Taisez-vous, ne l'écoutez pas...

JOSEPH. Elle résiste...
BERTRAND. Alors; c'est une entêtée... mais je ne me tiens pas pour battu, et...

DEUXIÈME COUPLET.

A ce refus, moi, je m'enflamme,
Et prêt à tout, pour la sauver,
Je lui dis : Vous serez ma femme,
Quand je devrais vous enlever.
CHARLES, à Julie.
Il dit qu'il faut vous enlever.
BERTRAND.
Alors, je lui monte la tête
Et j'ajoute suivez mes pas.
Votre oncle est une vieille bête,
Croyez-moi, ne l'écoutez pas.
JULIE, à Charles qui la presse.
Taisez-vous, ne l'écoutez pas.

ENSEMBLE.

JULIE.
Taisez-vous, ne l'écoutez pas.
CHARLES.
Taisez-vous, et suivez mes pas.

BERTRAND. Alors, l'oncle est enfoncé, et comme l'affaire a fait du scandale, il marie les jeunes gens.
CHARLES, à Julie. Vous l'entendez?
(Charles et Julie s'approchent.)
JOSEPH. Vous consentiriez donc?..
BERTRAND. Moi !.. plus souvent. (Les jeunes gens s'arrêtent.) Je ne suis pas assez jobard.
JOSEPH. Mais enfin, si une chose comme celle-là vous arrivait, que feriez-vous?
BERTRAND, se levant, en colère. Sacristi !.. je...
(Charles se sauve dans le café de l'Épi-scié.)

SCÈNE XI.

JOSEPH, JULIE, BERTRAND, ROBERT.

ROBERT. Enfin, j'ai les fameux billets de faveur.
BERTRAND. Je croyais que vous ne reviendriez plus. Dis donc, Julie, il a les... Eh bien! tu n'es pas encore habillée?
JULIE. Mon oncle...
ROBERT. Je vous en supplie, Mademoiselle, ne vous deshabillez pas pour vous habiller... Dépêchez-vous. (A part.) Je crains la platine de la mère Tricotelle.
JULIE. Nous avons le temps.
BERTRAND. Pas du tout. Tu vois que ce cher ami est pressé.
ROBERT. Certainement, le plaisir... (A part.) et la peur... Dieu de Dieu! si elle revenait!..
(Il paraît inquiet et regarde partout.)

JOSEPH, *bas à Julie.* Est-ce que, par hasard, ce serait là votre futur?

JULIE, *bas*, à Joseph. Oui.

JOSEPH. Lui!

BERTRAND. Va vite mettre ton chapeau, tes socques et ton schall... Julie, tu descendras ma lorgnette... (*Julie monte chez elle.*)

ROBERT, *à part.* Je ne crains que la tante; pour Nini, je suis tranquille: je lui ai donné rendez-vous dans ma boutique, et quand elle y est...

Air de Mazaniello. (LES ANGUILLES ET LES JEUNES FILLES.)

Au sein de ma pâtisserie,
Elle attendra dans mon comptoir.
Là, jamais Nini ne s'ennuie;
Elle s'en donne, il faut la voir.
Brioch', nougat et tartelette;
Elle ne laisse rien en plan.
Quand il ne reste plus d'galette,
Elle mange jusqu'à mon flan.

(*Pendant le couplet, Bertrand appelle le garçon de café et le paie.*)

JOSEPH, *à part.* J'cours prévenir Charles et Mme Tricotelle. Il faut que la bombe éclate.
(*Il entre dans le café.*)

BERTRAND. Robert, montrez-moi donc ces fameux billets.

SCÈNE XII.
BERTRAND, ROBERT, puis Mme TRICOTELLE.

BERTRAND, *regardant les billets.* Tiens, ils sont jaunes!

ROBERT. Oui... serin... Je les ai choisis exprès pour vous... (*A part.*) Je suis sur les épines...

BERTRAND. A Melun, il y a un proverbe sur cette couleur-là.

ROBERT, *impatienté.* Ah! ah! (*A part.*) Dieu de Dieu! ma future est-elle longue!

BERTRAND. Voilà le proverbe. Il y avait une fois...

Mme TRICOTELLE, *entrant en fureur.* Quelle horreur!

ROBERT, *à part.* Impossible de lui échapper.

Mme TRICOTELLE. C'est l'abomination des abominations!

ROBERT, *tremblant, à part.* Est-ce qu'elle sait...

Mme TRICOTELLE. Oh! les hommes, les hommes!.. Planter là une femme qui fait son devoir!

BERTRAND. Qu'avez-vous donc?

ROBERT, *à part.* Elle va m'arracher les yeux!

Mme TRICOTELLE. Ce sont tous des monstres!

ROBERT, *à part.* Plus de doute, elle parle de moi.

BERTRAND, *avec fatuité.* Il y a des exceptions.

Mme TRICOTELLE. Non; M. le commissaire s'est bien mal conduit avec moi.

ROBERT. Quoi! c'est après le fonctionnaire que vous en avez?

Mme TRICOTELLE, *passant au milieu.* Oui, Messieurs. Voilà le fait. Voulant lui dénoncer un criminel de ma connaissance, j'entre dans son cabinet. Votre servante, M. le commissaire. Dès qu'il me reconnaît, il se lève en marmottant: On ne voit que vous ici, Madame. Alors, sans vouloir entendre ma déposition, il a fui comme une ombre en me disant: Je reviendrai... Et il n'est pas revenu... Mais ça ne finira pas comme ça. J'attaquerai le commissaire, et dussé-je demander audience à M. le garde-des-sceaux...

BERTRAND. Vous ferez bien.

Mme TRICOTELLE. Et ça sera. Donnez-moi le bras.

BERTRAND. Impossible. Je vais au spectacle. Dites-moi donc, Robert, avec ces billets-là entre-t-on dans les coulisses?

Mme TRICOTELLE. Dans les coulisses! Non, Monsieur.

BERTRAND. Tant pis, j'aurais bien voulu faire deux doigts de cour aux actrices de Paris.

Mme TRICOTELLE. Un règlement en date du 12 février 1828 défend l'entrée des coulisses à tout le monde. Sont seuls exceptés le directeur, les acteurs et actrices, les mères et les tantes des jeunes personnes, les auteurs, le régisseur, les maris et amis d'actrices, les pompiers, les perruquiers et habilleurs, les machinistes, les musiciens, les employés du théâtre, enfin, toutes les personnes qui y ont affaire.

BERTRAND. Diantre! on est sévère.

Mme TRICOTELLE. Il le faut bien, Monsieur, car une jeune personne, quoiqu'au théâtre, peut tous les jours trouver à s'établir.

ROBERT, *bas, à Mme Tricotelle.* Pour Dieu, taisez-vous donc!

BERTRAND, *riant.* * Epouser une actrice! Les Melunois ne donnent pas dans le godan.

Mme TRICOTELLE. Quel godan, Monsieur?

ROBERT, *bas à Bertrand.* Ne lui répondez pas elle est folle.

Mme TRICOTELLE. Sans aller bien loin, je pourrais vous citer un homme...

BERTRAND. Cet homme est un jobard.

Mme TRICOTELLE. Un...

ROBERT, *imposant silence à Mme Tricotelle.* Voulez-vous bien vous taire!.. (*Apercevant Julie.*) Voilà enfin Mademoiselle Julie. (*Julie paraît. A part.*) C'est bien heureux!

BERTRAND, *à Robert.* Maintenant que nous sommes au grand complet, jeune homme, offrez votre bras à ma nièce. Moi, je forme l'arrière-garde.

ROBERT, *à part.* Il ne me manquerait plus que de rencontrer Nini. (*Haut.*) Mademoiselle.
(*Il lui offre son bras.*)

JULIE. Monsieur... (*A part.*) Charles m'avait pourtant promis de nous suivre. (*L'apercevant.*) Ah!

BERTRAND. Qu'as-tu donc?

JULIE. Rien, mon oncle... C'est... c'est M. Robert qui m'a pressé le bras.

ROBERT, *étonné.* Moi?..

BERTRAND. Farceur...

Mme TRICOTELLE, *bas à Robert, en le pinçant.* Ça va finir, ces jeux-là.

ROBERT. Aïe, aïe!.. Mais, mon Dieu! par-

* Bertrand, Robert, Mme Tricotelle.

tons donc, pour être au premier rang ; il faut être sur le devant. Allons, allons.
(Il les entraîne.)
BERTRAND. A ce soir, Mme Tricotelle.
Mme TRICOTELLE. Votre servante.
BERTRAND. Je vous raconterai ce que j'aurai vu.

SCÈNE XIII.
Mme TRICOTELLE, CHARLES, JOSEPH.

CHARLES, sortant du café. Si ce que tu me dis est vrai, je le tuerai avant.
JOSEPH. Pas de bêtise. (Ils parlent bas.)
Mme TRICOTELLE, à part. Si j'étais à la place de Nini et que je visse mon futur... sacristi !
JOSEPH, à Charles. La vieille paraît vexée... lâchons-la après l' pâtissier... (A Mme Tricotelle.) Eh bien ! Mme Tricotelle, le vingt-quatrième mariage de votre nièce est donc encore manqué ?
Mme TRICOTELLE. Le vingt-quatrième ?
JOSEPH. Si jamais votre nièce n'épouse que M. Robert, elle coiffera sainte Catherine.
Mme TRICOTELLE. Qui vous a donc si bien instruit ?
JOSEPH. C'est le vieux.
CHARLES. Il le tient de l'oncle.
JOSEPH. Robert veut vous faire aller.
(Ici paraît un marchand de coco qui lit l'affiche du théâtre mécanique.)
Mme TRICOTELLE. Quoi ! Robert me ferait. * Arrêtez ! Oui, mes idées reviennent... son embarras de tout à l'heure... le silence qu'il m'imposait... ce pressement de bras... ces trois billets de spectacle.... Plus de doute, Nini est indignement trompée... trahie.
JOSEPH. Volée.
Mme TRICOTELLE. Ah ! vous me faites évanouir.
CHARLES, la soutenant. Bon, la voilà qui se trouve mal.
JOSEPH. Vite, un verre de coco à travers la figure.
Mme TRICOTELLE, se relevant vivement. Ce n'est pas la peine... cela ne se passera pas ainsi... Je sais où est le traître et sa nouvelle amante, je cours dévoiler sa conduite... Trahir ma Nini, après lui avoir promis mariage !
JOSEPH. C'est épouvantable.
Mme TRICOTELLE. Les tribunaux retentiront...
CHARLES. Il doit l'épouser.
Mme TRICOTELLE. Il l'épousera sur-le-champ. M. Charles, venez avec moi ; (Elle le prend par le bras.) je veux faire du scandale dans le théâtre... Je ne laisse pas commencer la pièce qu'on ne l'ait mis à la porte, et je l'y recevrai.
CHARLES. Il faut qu'il soit hué.
JOSEPH. Sifflé, bafoué.
Mme TRICOTELLE. Il sera tout ça. D'abord, je mets tout sens dessus dessous. (Fausse sortie.)
CHARLES. Vengez votre nièce.
Mme TRICOTELLE, revenant. Il aura sa danse, oui, oui. (Elle entraîne Charles.)

* Joseph, Mme Tricotelle, Charles.

SCÈNE XIV.
JOSEPH, ÉTIENNE et SES AMIS.

JOSEPH. Fameux !.. chaud, chaud, voilà décidément l'affaire qui s'éclaircit. (Allant à la porte du café.) Oh eh ! les amis ! oh eh !
ÉTIENNE et SES AMIS, sortant du café.
Air de la chansonnette du père coupe toujours.
PREMIER COUPLET.
CHOEUR.
De quoi ?
De quoi ?
De quoi ?
De quoi ?

JOSEPH.
Mes amis venez tous à moi.

LE CHOEUR.
Sitôt qu'on l'appelle,
L'enfant des faubourgs,
Avec le mêm' zèle,
Aime et t'app' toujours.

JOSEPH.
Quand on a tant fait que de boire
Les meubles d' quelqu'un en liqueur,
On doit en garder la mémoire ;
Ces chos's-là se gravent dans le cœur.
Charles à vous se recommande,
D' v'ot' secours, il a grand besoin,
Enfans de la joyeuse bande,
Il vous demande un coup de poing.

ÉTIENNE. Un coup d' poing !.. en v'là un drôle de goût.
JOSEPH. C'est pas pour lui, mais c'est égal, faites bon poids ; c'est pour une pratique. Voyons y a-t-il un de vous porteur d'un poing pesant deux cent kilogrammes ?

DEUXIÈME COUPLET.
CHOEUR.
C'est moi !
C'est moi !
C'est moi !
C'est moi !
J' t'app'rai fort quand j' saurai pourquoi.
Sitôt qu'on l'appelle,
L'enfant des faubourgs,
Avec le mêm' zèle,
Aime et tapp' toujours.

JOSEPH.
Notre ami courtise un' jeun' fille,
Elle est nièce d' mon vieux jobard.
Elle a filé comme une anguille,
Par la diligence Touchard.
A Paris, la belle est bien triste.
Les vieillards sont-ils entêtés !
Pour qu'ell' ne soit pas femm' d'artiste,
L' vieux gueux la jett' dans les pâtés.

TOUS. Dans les pâtés !
JOSEPH. Oui, si vous ne venez pas à mon secours, Mlle Julie sera mariée au pâtissier Robert.
ÉTIENNE. Robert le voltigeur ? (Avec indignation.) Oh ! oh !

JOSEPH. Voyons, qui de vous aura la gloire d'en débarrasser la société, en le faisant disparaître à trois pieds au-dessous du niveau de la mer ?

TOUS.

C'est moi !
C'est moi !
C'est moi !
C'est moi !
J' tapp'rai fort car je sais pourquoi.

JOSEPH. Voici le concombre demandé.

TOUS, en se frottant les mains. Passe-le moi.

JOSEPH. Chut !.. attendez Charles. Songez qu'il s'agit d'un enlèvement; de la prudence, du silence, de l'adresse, et de la finesse... moi je me rends à mon théâtre, rentrez et soyez prêts au premier signal.

CHOEUR.

Sitôt qu'on l'appelle,
L'enfant des faubourgs,
Avec le mêm' zèle
Aime et tapp' toujours.

(Joseph entre dans le théâtre mécanique. Étienne et ses amis entrent dans le café de l'Epi-scié.)

SCÈNE XV.
ROBERT, BERTRAND, JULIE.

BERTRAND, son chapeau enfoncé et son parapluie en lambeaux. C'est une infamie.

ROBERT. Mais, Monsieur...

JULIE. Mon oncle a raison.

BERTRAND, sans l'écouter. Et toi aussi, et toi aussi.

JULIE. C'est à vous que nous devons tous les désagrémens que nous venons d'éprouver.

ROBERT. Mais écoutez...

BERTRAND. Je n'entends rien... je suis furieux... Au théâtre, nous avons été reçus comme... trois chiens dans un jeu de quilles.

JULIE. Bousculés par la garde.

BERTRAND. Invectivés par la populace. Répondez, Monsieur... Qu'avez-vous fait au public pour qu'il crie : A la porte, le pâtissier ?

JULIE, à Robert. C'est bien mal à vous.

ROBERT. M. Bertrand, tout cela est de votre faute. Vous criez comme un chat qu'on déshabille... Que diable ! on doit se contenter de la place qu'on trouve quand on a des billets de faveur.

JULIE. Ils sont jolis, vos billets.

BERTRAND. Et pas chers. 3 fr. de supplément pour arriver, après tout le monde, à des places de 15 sous... au paradis.

ROBERT, avec fatuité. Vous calomniez le paradis... on doit y être comme des petits anges.

BERTRAND. Monsieur, je n'aime pas les calembredaines, quand mon chapeau neuf est abîmé et mon parapluie en écumoire.

ROBERT. Calmez-vous, ce n'est qu'un dessus à remettre.

BERTRAND. Que je me calme !

Air du Bon ménage. (Béranger.)

PREMIER COUPLET.

La colère,
La colère,
Me transporte, m'exaspère;
De colère,
De colère,
Ventrebleu !
Je suis tout bleu.

Avec vos billets donnés,
Il faut faire une heur' de queue,
Et longue, au moins, d'une lieue;
Tout m'est passé sous le nez.
Fort heureux après l'attente,
Comptant sur de l'agrément,
Au bureau je me présente ;
Mais il faut un supplément.

Un supplément ! — Monsieur, Vous ne voyez donc pas que j'ai une carte de faveur ? — C'est justement pour cela qu'il faut payer. — Je paie 9 fr. On frappe les trois coups. Je monte quatre à quatre aux premières loges ; ouvreuse, ouvrez, dépêchez-vous, je veux entendre l'ouverture. — Monsieur, tout est loué, allez voir de l'autre côté. — J'y galope. Ouvreuse, ouvrez, dépêchez-vous, dépêchez-vous. — Monsieur, tout est loué, allez de l'autre côté. — J'en sors. — Montez alors au-dessus. — Comme la musique allait toujours, je grimpe, j'arrive. Ouvreuse, ouvrez, dépêchez-vous, dépêchez-vous, dépêchez-vous. — Monsieur, tout est loué, allez de l'autre côte. — Je brûle le carreau; Ouvreuse, ouvrez, ouvrez, ouvrez, dépêchez-vous. — Monsieur, je n'ai plus de place, descendez au parquet. A ce moment l'orchestre fait pan, pan, pan. Ne voulant pas perdre mon argent, je passe ma tête à travers la lucarne d'une loge et je crie de toutes mes forces : M. le Directeur, je vous défends de commencer le spectacle avant que je sois placé. Au moment où il allait sans doute me répondre, le locataire de la lucarne me la ferme sur le nez. Me trouvant dans le corridor et entendant la voix des acteurs qui parlaient malgré ma défense, je descends au plus bas du théâtre, je remonte... Tout est fermé pour moi... Ma foi, je ne suis plus un homme, je suis un lion, et alors...

La colère,
La colère,
Me transporte, m'exaspère;
De colère,
De colère,
Ventrebleu !
Je suis tout bleu.

DEUXIÈME COUPLET.

Je m'installe au paradis.
D'vant mes yeux se trouve un lustre;
Derrière moi, se trouve un rustre,
Qui veut m' fair' rester assis.
Voyant que j' ris d' sa bravade,
Le gaillard, sans plus d' façon,
Me lance hors d' la balustrade,
Par le fond d' mon pantalon.

Ainsi suspendu, je me crois au haut de la colonne de la place Vendôme. Les hommes étaient grands comme un pain de quatre livres. Enfin, après avoir tourbillonné pendant quelques secondes, je tombe dans une loge... où je me trouve très bien placé. Je m'étais posé sur les genoux d'une dame... je dois dire que son mari n'a pas voulu que j'y reste. Devinez qui je reconnais ?.. le juge de paix de mon arrondissement. Touché de ma position, cet homme, excessivement galant, allait consentir à me donner une place derrière lui, (A Robert.) lorsque vous êtes venu fourrer votre nez dans la loge, et aussitôt, de toutes parts, le public de crier : A la porte, le pâtissier à la porte ! Ne sachant pas si c'est à moi qu'il parle, je m'avance et je demande au public : Messieurs, est-ce au pâtissier de Paris ou au pâtissier de Melun que ce discours s'adresse ? Alors, comme de vrais imbéciles, tout l'monde se met à rire. Je réitère la demande, mais un garde de service se présente et me répond : Sortez.—Rendez-moi mon argent. A ce mot, il me saisit, me tire de la loge, le juge de paix ferme sa porte et, ma foi, le garde et moi, nous luttons corps à corps, nous roulons jusqu'en bas, l'un portant l'autre... Alors, on me met à la porte. Et vous voulez que je me calme !

REPRISE.

La colère,
La colère
Me transporte, m'exaspère,
De colère,
De colère,
Ventrebleu
Je suis tout bleu.

Mais ça ne se passera pas ainsi.

JULIE. Et vous aurez bien raison, mon oncle.

BERTRAND. J'attaque le directeur en dommages et intérêts, il me doit dix actes, je les veux et e les aurai. (Tâtant ses poches.) Bon, v'là qu'on m'a soulevé ma tabatière de buis.

ROBERT. Votre tabatière ? ça doit être la garde... car elle était aux *prises* avec vous.

BERTRAND, furieux. M. quand je perds... je n'entends pas la gaudriole.

JULIE. C'est bien heureux que ce ne soit pas votre tabatière en argent.

BERTRAND. Pour celle-là, je défends au plus adroit de me la prendre... on me l'a volée hier devant les figures de cire.

JULIE. Mon oncle, je crois que nous pouvons rentrer.

ROBERT, à part. Et Nini qui va revenir !.. (Haut.) Pardon, la soirée est consacrée au plaisir...

BERTRAND. Nous jouerons au loto avec madame Tricotelle et sa nièce.

ROBERT, bas à Bertrand. Y pensez-vous ? une société pareille pour ma future... non, non, non, il faut absolument réparer l'échec que nous venons d'éprouver, allons n'importe où... au canal... choisissez !..

SCÈNE XVI.

LES MÊMES, PEUPLE, puis CHARLES, ÉTIENNE et SES AMIS.

(On entend la cloche du spectacle mécanique, et le peuple s'attroupe.)

BERTRAND. Ma foi, sans nous déranger voilà le spectacle de M. Joseph.

JULIE. Comment, mon oncle, vous voulez que nous allions...

ROBERT. Il n'y a rien à craindre.

BERTRAND, avec intention. Il n'y a donc pas de billets de faveur.

ROBERT. Entrons, c'est moi qui régale.

BERTRAND. Avant, écoutons ce que nous allons voir. (Musique. Le nain paraît pour la parade.) Vois-tu, julie, c'est un véritable nain, regarde sa tête.

JOSEPH, sur le perron du théâtre, fait l'annonce. Messieurs et dames. La première représentation du gymnase mécanique va commencer. Le spectacle réunit à lui seul tous les genres d'amusemens : Tels que combats maritimes, incendies, prises d'assaut, tempêtes de terre et de mer. Vous y verrez les villes de Pekin, Nankin, Saint-Quentin et Quimper-Corentin, avec leur population sans en excepter le moindre chinois. Vous y verrez toutes les bêtes des quatre parties du monde, tels que chameaux, éléphans, girafes, oies, canards et dindons, agir et marcher absolument comme vous et moi. Le spectacle sera terminé par Zamboo l'Albinos. Ce jeune monarque étranger, qui a été confié par l'auteur de ses jours au capitaine Smith, est venu en France pour y goûter les douceurs de la civilisation. Il est enfermé dans une cage de fer. Il possède un gout très prononcé pour la musique et la viande crue. De plus, j'en avertis les dames, il a l'intention de prendre une épouse dans la capitale. Propriétaire d'une quantité considérable de mines de diamans, il ne désire trouver dans sa future que l'esprit et la beauté, en vous voyant, mesdames, il n'aura que l'embarras du choix. Voici le portrait exact de cet être privilégié. Il a des cheveux blancs, les dents noires, les yeux rouges et la peau cuir de bottes. C'est vous dire assez, mesdames, que sa figure est des plus intéressantes. Entrez, entrez, le rideau lève et l'on n'attend pas. (Musique.)

CHARLES, qui est sorti du café, sur les derniers mots de la parade ; bas à ses amis. A nous, en presse.

BERTRAND. Ne poussez donc pas comme ça par derrière.

ROBERT. Aïe, aïe, on nous étouffe.

CHARLES, bas à ses amis. Poussez toujours.

ROBERT. Au secours.

BERTRAND. A la garde.

LE NAIN ET TOUT LE MONDE, criant. A la porte, à la porte.

JULIE, avec effroi et cherchant son oncle dont elle a été séparée dans la bagarre. Mon oncle ! mon oncle ! où donc est mon oncle ?..

CHARLES. Venez, Mademoiselle, suivez-moi.

(Il l'entraîne par la droite.)

CHŒUR, de spectateurs furieux contre Bertrand et Robert.

Air des duels. (Ah! quel événement.)

Ah! vraiment c'est affreux,
C'est un scandale abominable!
Ce sont deux malheureux,
Qu'il faut corriger tous les deux.

(Pendant le chœur, Étienne enlève Bertrand sur ses épaules, ce dernier se bat avec le nain. Au baisser du rideau, on voit Robert pourchassé, se sauver dans le café, et Bertrand attiré par le nain, s'engloutir la tête la première dans la lucarne du théâtre mécanique. Mme Tricotelle paraît, tableau.)

FIN DU PREMIER ACTE.

ACTE II.

Le théâtre représente deux chambres séparées par une cloison. Dans la cloison est pratiquée une porte secrète et à coulisse. — La chambre de gauche (occupée par Bertrand) porte au fond; porte à gauche, au second plan. Au premier plan, cheminée en face de la porte secrète; près de cette porte, une table couverte d'une nape. — La chambre de droite (occupée par Joseph); porte au fond; une table et des siéges. Ameublement très simple dans les deux chambres.

SCÈNE I.
JOSEPH, puis JULIE et CHARLES.

JOSEPH, entrant avec une lumière dans la chambre de droite, à la cantonade. Courage, Mademoiselle, vous voilà arrivée... vous n'avez plus que deux étages à monter. (Après avoir prêté l'oreille il entr'ouvre la porte de la cloison.) M. Bertrand n'est pas encore revenu, fameux... (Il ferme la porte.) Rangeons l'appartement.
(Il cache des bottes dans le buffet.)

CHARLES, entrant avec Julie. Enfin nous y sommes.

JULIE, étonnée. Comment!.. mais je n'y suis pas du tout. (A Charles.) Ne m'avez-vous pas dit que vous me rameniez chez mon oncle par la porte de derrière?

CHARLES, embarrassé. Il est vrai.

JULIE. Mais cette chambre n'est pas la sienne. ah!.. M. Charles, c'est très bête...

CHARLES. N'ayez aucune inquiétude, vous êtes chez moi.

JULIE. Chez vous! eh bien c'est gentil.

JOSEPH. Dans le salon. (Lui présentant un tabouret.) Donnez-vous donc la peine de vous asseoir...

JULIE. Merci bien; plus souvent que je vais rester chez un garçon.

JOSEPH. Mademoiselle, vous n'êtes pas chez un garçon, vous êtes chez... deux garçons...

JULIE. Raison de plus pour me dépêcher de partir.

CHARLES. Impossible; votre oncle va vous forcer d'épouser son pâtissier.

JULIE. Je le supplierai de n'en rien faire.

JOSEPH. Mais s'il s'obstine?..

JULIE. Alors on verra, mais jusque-là, si vous ne consentez pas à me ramener de suite près de lui... (Courant à la porte.) J'ameute les voisines je fais une scène, je jette votre carafe sur la tête de la première personne qui passera dans la rue.

JOSEPH. Eh bien, n' vous fâchez pas, p'tite révolutionnaire, vous n'êtes pas si loin du domicile de votre oncle que vous pensez.

CHARLES. D'un pas, vous pouvez vous y trouver.

JULIE. Quoi?

JOSEPH, ouvrant la porte de la cloison. V'là comme ça s'joue.

JULIE. Tiens!.. que c'est drôle!.. (Ils entrent dans la chambre de Bertrand.) La chambre de mon oncle!.. oui, c'est bien elle... son tire-bottes... et son plat à barbe. Comment se fait-il?

CHARLES. Rien de plus simple... Joseph Demeure sur le boulevart, moi, dans la rue basse; ma foi, il nous a paru beaucoup moins fatigant de percer une cloison que de monter et descendre vingt fois par jour 118 marches.

JULIE. Voilà une drôle d'invention.

JOSEPH. J'crois bien. Cette invention-là coupe le cou aux fabricants d'escaliers, ah! si Paris suivait notre système, quelle niche pour ces scélérats de portiers!

Air : Restez troupe jolie.

Nous les verrions tous *rire jaune*,
Il n'en faudrait qu' deux pour Paris;
L'un à la barrière du Trône,
L'autre à la porte Saint-Denis.
Ils n' pourraient plus, d'un locataire,
Être les espions, les geôliers,
Tous deux auraient assez à faire
De balayer leurs escaliers.

(On entend parler Bertrand et Mme Tricotelle dans l'escalier de la chambre de gauche.)

CHARLES. Dieu! on monte.

JOSEPH, tenant la porte. J' mets l' verrou.

CHARLES, à Julie. Venez, venez.

JULIE. Non, non Je veux rester ici, je le dois.
(Ici on entend distinctement le bruit de la clé dans la serrure.

SCÈNE II.
LES MÊMES, BERTRAND et Mme TRICOTELLE.

JOSEPH, à mi-voix. On met la clé dans la serrure.
CHARLES, entraînant Julie. Songez que trahir notre secret, c'est nous enlever tout moyen de nous revoir.
Mme TRICOTELLE, dans la coulisse. Tirez donc, M. Bertrand.
JOSEPH. Bon, v'là la mère *tribunaux* qui jappe, allez donc, allez donc.
(Charles, Julie et Joseph, disparaissent par la cloison, au moment où entre M. Bertrand.)
Mme TRICOTELLE, portant une lumière. Vous le voyez bien, Mlle Julie n'est pas ici... je vous l'ai dit, et je vous le répète, votre nièce est enlevée. Je vous ai nommé le ravisseur; il ne vous reste plus qu'à porter plainte au Procureur du roi.
BERTRAND. Mais je n'ai pas l'honneur de connaître M. le Procureur du roi, à cette heure-ci, il ne me recevrait peut-être pas.
Mme TRICOTELLE. Écoutez, je connais son portier... l'article 29 du code d'instruction criminelle vous autorise à me donner votre procuration, voilà ce qu'il faut pour écrire. (Elle lui donne une feuille de papier timbré. Bertrand se met à la table qui est placée contre la cloison, et il écrit. — A part.) Je ne sors jamais sans une feuille de papier timbré et un flacon de vinaigre des quatre voleurs.
BERTRAND, écrivant. Il ira aux galères, le brigand.
JOSEPH. Aux galères!
JULIE. Vous voyez dans quelle position vous vous êtes mis. Il veut vous envoyer aux galères.
CHARLES. Vite, vite, descendons.
(Ils sortent, nuit dans la chambre de droite.)

SCÈNE III.
Mme TRICOTELLE, BERTRAND.

BERTRAND, qui a écrit. Mais je fais une réflexion, Mme Tricotelle; pourquoi Robert aurait-il enlevé aujourd'hui une jeune personne qu'il devait épouser demain?
Mme TRICOTELLE. Pour commettre un crime.
BERTRAND, écrivant. C'est juste...
Mme TRICOTELLE. Ce que je vous ai raconté de sa conduite envers ma pauvre nièce, prouve assez, j'espère, qu'il n'y a rien de sacré pour ce pâtissier-là. Avez-vous signé?
BERTRAND, lui remettant le papier. C'est fait.
Mme TRICOTELLE. Adieu, Monsieur. Son affaire est en bonne main. Je vais le mener par un petit chemin où il n'y a pas de pierres.
BERTRAND. Merci, bonne dame.

SCÈNE IV.
BERTRAND, seul, à la cantonade. Surtout ne le ménagez pas. (Fermant sa porte.) Il n'y a pas de doute, c'était un coup monté. L'affaire du spectacle, c'était lui... le rustre qui m'a enlevé par le fond de mon pantalon, c'était lui... le nain du boulevart... c'était lui... la femme du juge de paix c'était lui, oui c'est toujours lui qui m'a fait avoir tous les désagrémens qui me sont arrivés depuis ce matin, sur cet affreux boulevart du crime... aussi je le jure, la vengeance sera terrible et si jamais ce tartuffe tombait sous ma main (Il prend son parapluie.) je le laisserais sur la place.

SCÈNE V.
ROBERT, BERTRAND.

ROBERT. Enfin, me voilà... sacristi qu'il fait chaud. (Il se jette sur une chaise. Bertrand lui assène un grand coup de parapluie.) Eh bien, qu'est-ce qui vous prend donc?
(Il se lève étonné et se garantit avec une chaise.)
BERTRAND. Tais-toi... réponds... Monsieur, vous croyez donc que, parce que Paris est grand on ne sait pas tout ce qui s'y passe?
ROBERT. M. Bertrand, je...
BERTRAND, lui assène un deuxième coup de parapluie. Robert passe à droite. Tais-toi... réponds, Monsieur, vous croyez donc que, parce que on habite Melun, on est plus canard qu'un autre...
ROBERT, se faisant toujours un rempart de sa chaise. Canard... d'abord qu'est-ce qui a parlé de canard.
BERTRAND. Tais-toi... et réponds... (Robert passe à gauche.) Il est inutile de feindre, ton masque est arraché, Mme Tricotelle m'a tout appris.
ROBERT. Quoi! elle vous a dit que Nini...
BERTRAND. Oui, oui... mais ce n'est pas de tes intrigues avec les femmes de théâtre que je te parle... je te les pardonnerais, car j'en ai eu plus que toi, et j'en aurais encore si je voulais... mais c'est de ma malheureuse nièce qu'il s'agit... tu l'as enlevée.
ROBERT. Moi!
BERTRAND. Rends-la.
ROBERT. Mais...
BERTRAND. La justice est sur tes traces, la prison t'ouvre... ses portes, les galères te réclament.
ROBERT, fouillant dans ses poches. Mais M. Bertrand... je ne l'ai pas, parole d'honneur.
BERTRAND. Ah! tu ne l'as pas! eh bien, je vais te la faire trouver. (Il le frappe de son parapluie.) Ah coquin!.. ah scélérat!.. (On cogne à la porte. Frappant toujours.) Entrez, s'il vous plaît. Ah brigand.

SCÈNE VI.
LES MÊMES, JULIE, JOSEPH, restant au fond.

JULIE, sautant dans les bras de Bertrand. Mon oncle!
BERTRAND. Julie! mon enfant!

ROBERT. Eh bien?
BERTRAND. Oh! pardon, mille pardons, mon cher Robert, ne m'en veuillez pas des coups de parapluie...
ROBERT. Au contraire, je suis bien aise que vous voyiez que vous vous êtes trompé. Mais, maintenant que mon innocence est reconnue, en ma qualité de futur, je désire que Mademoiselle nous apprenne d'où elle sort.
BERTRAND. Oui, au fait, dis-nous d'où tu sors.
JULIE, embarrassée. Mon oncle, je...
JOSEPH, descendant vivement, entre Bertrand et Julie. Je vais vous le dire... Mademoiselle ne connaît pas Paris... elle s'était égarée...

Air de l'Apothicaire.

Ell' vous demandait à l'écho,
Aux marchandes de sucre d'orge,
Aux passans, aux marchands d' coco ;
J' suis sûr qu'elle a mal à la gorge.
Elle courait, elle marchait,
C'était un' folie, un délire.
Quand j' l'ai trouvée, ell' vous cherchait
Au salon des figur's de cire.

BERTRAND. Excellent jeune homme, quelle obligation je vous ai!
ROBERT. Et moi donc... Oh! si je ne me retenais, je vous embrasserais...
JOSEPH. Retenez-vous.
ROBERT, avec exaltation. Non, non, il faut que je reconnaisse un pareil service... Donnez-moi votre adresse; au jour de l'an, je vous mettrai ma carte.

SCÈNE VII.
LES MÊMES, CHARLES, dans la chambre de droite.

CHARLES, entrant. Et Joseph qui ne revient pas. (Il prête l'oreille à la cloison.)
BERTRAND, à Robert. Écoutez, mon ami, puisque j'ai eu tort, je veux me venger noblement. C'est demain que nous devions signer le contrat.
ROBERT. Oui.
BERTRAND. Eh bien! pour célébrer dignement le retour de Julie, je propose, *primo*, de souper tous les quatre.
ROBERT. Adopté.
BERTRAND. Et, ensuite, d'aller chez M. Renard, le notaire; il dressera l'acte de mariage ce soir...
JULIE, effrayée. Ce soir!
CHARLES, paraissant à demi. Ce soir!
JOSEPH, apercevant Charles. Hem! hem! (A Charles.) Veux-tu te cacher!
ROBERT, à Bertrand. Ma foi, votre idée est pyramidale.
JULIE. Mais, mon oncle...
BERTRAND. Tu me diras ça plus tard; tu vas, d'abord, descendre avec l'ami Robert jusque chez le traiteur pour commander le souper.

ROBERT. Moi, je me charge du pâté et du vin de propriétaire.
JOSEPH, bas à Julie. Souvenez-vous du signal convenu.
(Il rentre chez lui par la cloison.)
BERTRAND, à Robert. Pendant le souper, nous finirons de nous entendre relativement à la rente viagère. Quant à vous, M. Joseph... Eh bien! où est-il donc?
JULIE. Il vient de... descendre.
ROBERT. Sans dire adieu.
BERTRAND. Et sans chandelle... Il va se casser les jambes dans l'escalier. (Prenant la chandelle.) M. Joseph, M. Joseph...
ROBERT. Permettez qu'on vous éclaire...
BERTRAND. Il est déjà en bas... Dépêchez-vous et revenez le plus tôt possible.

SCÈNE VIII.
BERTRAND, dans la chambre de gauche; JOSEPH et CHARLES, dans la chambre de droite.

CHARLES. Eh bien?
JOSEPH. Tu l'as entendu? ce soir.
CHARLES. Dussé-je assommer Robert, cela ne sera pas.
JOSEPH. Non, ce moyen est rococo. Il faudrait...
(Ils regardent dans la chambre de Bertrand.)
BERTRAND. En attendant que nous allions chez le notaire, mettons-nous à notre aise.
(Il se déshabille, met ses habits sur une chaise et un bonnet de coton sur sa tête.)
CHARLES. Oh! j'ai le moyen d'empêcher l'oncle d'aller chez le notaire. Il faut lui souffler ses habits.
JOSEPH. Fameux, fameux... (Joseph éteint la chandelle qui est dans sa chambre, et Charles entre dans celle de Bertrand par la cloison.) Oh! il va le voir... soufflons sa chandelle.
(Nuit complète.)
BERTRAND. Eh bien! voilà ma lumière éteinte... Il y a des courans d'air ici.
CHARLES, étonné. Hein! (Il prend les habits et le chapeau de Bertrand.) Je les tiens, filons.
BERTRAND. Je ne m'étonne plus si j'ai des rhumatismes! Où diable est donc mon briquet?
(Ils marchent tous les deux à tâtons.)
BERTRAND. N'en déplaise à l'Académie des sciences, ces briquets-là enfonceront toujours les fumades et les chimiques allemandes; (Il frappe plusieurs coups sans obtenir d'étincelle.) ça ne manque jamais.
JOSEPH. Est-ce que Charles s'est endormi?
CHARLES, marchant à tâtons. Décidément, je suis perdu.
BERTRAND, se frappant les doigts. Aïe... Il faudrait toujours avoir une chandelle allumée pour se servir de ces excellens briquets-là. Sacristi!.. je n'ai plus d'allumettes, ici, il faut que je me rhabille pour descendre.
(Au moment où ils vont se heurter, Charles, qui a son chapeau sur la tête, se baisse.)

BERTRAND, prenant le chapeau noir de Charles. Tiens! qu'est-ce que c'est que cela?.. C'est mon chapeau... comment diable se promène-t-il ici?
(Il décoiffe Charles et met son chapeau sur sa tête, par-dessus son bonnet de coton.)

CHARLES, mettant le chapeau gris de Bertrand sur sa tête. Eh bien! changeons, je veux bien.

SCÈNE IX.
LES MÊMES, Mme TRICOTELLE.

Mme TRICOTELLE, dans l'escalier. M. Bertrand, M. Bertrand.

CHARLES. Eh bien! me voilà gentil garçon.

Mme TRICOTELLE. M. Bertrand, accourez.

BERTRAND. Madame, je ne peux pas, je suis sans lumière et sans vêtement.
(Il se heurte dans les chaises.)

CHARLES. Impossible de fuir... où me cacher? (Il se fourre sous la table.)

Mme TRICOTELLE, entrant avec de la lumière et lui passant les bras autour du col.* Embrassez-moi, Monsieur.

BERTRAND, se reculant. Mais, Madame, vous m'incendiez.

Mme TRICOTELLE. Bonne nouvelle, grande intrigue découverte.

BERTRAND. Qu'y a-t-il?

Mme TRICOTELLE. D'abord, c'est une horreur, une infamie... en passant devant le traiteur, devinez qui j'ai vu?

BERTRAND. Quoi donc?

Mme TRICOTELLE. Votre nièce avec ce monstre de Robert.

CHARLES, JOSEPH, BERTRAND, ensemble. Eh bien?

Mme TRICOTELLE. Ils entraient tous deux chez le traiteur; alors, moi, qui connais la loi... je n'en fais ni une, ni deux, je crie à la garde.

BERTRAND. A la garde?

CHARLES et JOSEPH, à part. A la garde!

Mme TRICOTELLE. Je demande quatre-zhommes et un caporal, et, munie de votre procuration, je les fais arrêter.

BERTRAND, suffoqué. Quoi! vous avez fait arrêter ma nièce?

CHARLES, à part, se montrant au public. Julie au poste!

JOSEPH, riant. Oh! c'te charge!

Mme TRICOTELLE. Maintenant, nous triomphons.

BERTRAND. Vous avez fait arrêter Julie... ma pauvre Julie...

Mme TRICOTELLE, avec joie. Ils sont tous les deux au violon.

BERTRAND, exaspéré. Ma nièce, au violon... Oh! oh! (Il tombe sur une chaise.)

JOSEPH, à part. J'connais l'officier, ça ne sera pas pour long-temps. (Il sort.)

CHARLES, à part, sous la table. Et ne pouvoir la délivrer!..

* Bertrand, Mme Tricotelle, Charles sous la table, Joseph dans sa chambre.

BERTRAND. Mais, malheureuse, c'est moi qui les avais envoyés chez le traiteur.

Mme TRICOTELLE. Vous!

BERTRAND. Conduisez-moi de suite au violon.

Mme TRICOTELLE. Y pensez-vous, Monsieur? Avec votre bonnet de coton, votre robe de chambre et vos chaussons de Strasbourg, j'aurais l'air d'y conduire le mardi gras.

BERTRAND. C'est juste, donnez-moi mes habits, s'il vous plaît.

CHARLES, qui les tient sous la table. Que faire?

Mme TRICOTELLE. Monsieur, j'ai beau chercher...

BERTRAND. Je les ai mis sur cette chaise.

Mme TRICOTELLE. Si vous les y aviez mis, ils y seraient.

BERTRAND, effrayé. Madame, il y a des voleurs dans votre maison; la porte qui ne s'ouvre pas, la chandelle qui s'éteint... ça n'est pas naturel.

Mme TRICOTELLE. Votre raison s'égare. Je suis certaine que tout cela est dans le cabinet... Permettez... (Elle prend la chandelle.) Je vais...

BERTRAND, se cramponnant à Mme Tricotelle. Madame, je ne vous quitte pas. Je ne veux pas rester ici sans lumière.

(Ils entrent tous les deux dans le cabinet. Pendant ce temps, Charles remet les habits sur la chaise, garde étourdiment le chapeau de Bertrand, ouvre la cloison et entre chez lui.)

CHARLES. Courons délivrer Julie. (Il veut ouvrir la porte de la chambre de droite.) Allons, voilà Joseph qui a fermé la porte... Ah! c'est à en perdre la tête.
(Jusqu'à la fin de cette scène Charles se sert de tout ce qu'il a sous la main, pour ouvrir la porte.)

BERTRAND, sortant du cabinet. Eh bien! Madame, votre maison n'est-elle pas le plus affreux coupe-gorge du boulevart du crime?

Mme TRICOTELLE. Vous êtes bien pressé. On va les trouver.

BERTRAND, hors de lui. J'admire votre sang-froid. Oubliez-vous que ma nièce est au violon?

Mme TRICOTELLE. Ne vous faites donc pas de mal, ce n'est qu'à six heures du matin qu'on conduit les délinquans à la préfecture de police.

BERTRAND, furieux. A la préfecture!.. ma nièce, ma pauvre Julie à la... Vieille bête, vieille sorcière! (Apercevant ses habits.) Que vois-je?..
(Il regarde ses habits.)

Mme TRICOTELLE, ébahie. Ah!

BERTRAND. Comment se fait-il qu'à l'instant ils n'y étaient pas, et que, maintenant... (Regardant le chapeau de Charles.) Ah ça! est-ce de la magie, de la sorcellerie, mon chapeau était gris il y a une heure, et le voilà noir.

Mme TRICOTELLE. Ne l'avez-vous pas quitté au spectacle?

BERTRAND. Au fait, je le reconnais... c'est le chapeau de mon juge de paix... Je le lui reporterai demain... Courons vite, Madame, courons, courons, courons. (Ils sortent.)

SCÈNE X.
JOSEPH, CHARLES.

CHARLES, saisissant un tabouret, après avoir essayé tous les moyens de crocheter la serrure. Oh! je n'y tiens plus, j'enfonce la porte.

JOSEPH, entrant précipitamment dans sa chambre. Délivrée! délivrée!

CHARLES. Julie?

JOSEPH. Oui, je l'ai déposée au pied de l'escalier de son oncle.

CHARLES. Comment as-tu fait?

JOSEPH. Je connaissais le lieutenant du poste. Je lui ai dit : Capitaine, Mademoiselle est ma cousine, je viens la réclamer. Il m'a appelé farceur en me donnant une tape sur le ventre, et le violon s'est ouvert.

CHARLES. Et Robert...

JOSEPH. Sur ma recommandation, on l'a mis à l'ombre pour jusqu'à demain matin... Enfoncé plus que jamais... Le melon est sous la cloche.

CHARLES. Quel bonheur!

JOSEPH. Maintenant, nous sommes sûrs de notre affaire.

BERTRAND, dans la coulisse. Allons, mon enfant, allons.

CHARLES. Chut! J'entends du bruit, écoutons.

SCÈNE XI.
LES MÊMES, BERTRAND, JULIE, Mme TRICOTELLE.

(Charles et Joseph dans la chambre de droite, Bertrand, Julie et Mme Tricotelle dans celle de gauche.)

BERTRAND, soutenant Julie. Julie, ma fille, remets-toi.

JULIE. Après une si horrible aventure...

Mme TRICOTELLE. Mademoiselle, il ne faut pas vous chagriner. Le violon ne déshonore pas, ce n'est pas une peine afflictive et infamante.

JULIE, la repoussant. Ah! Madame!..

Mme TRICOTELLE. Quand je vous console, ce n'est pas une raison pour me rudoyer.

BERTRAND. Il faudrait peut-être vous remercier?

Mme TRICOTELLE. Écoutez donc, il n'y a que ceux qui ne font rien qui ne se trompent pas.

CHARLES, à Joseph. Comment, ils ne la mettront pas à la porte!

JULIE. J'étais tellement honteuse, que lorsque M. Joseph a eu la bonté de venir me réclamer, je n'osais pas lever les yeux.

Mme TRICOTELLE. C'est un tort, ça prouve que vous n'avez pas l'usage du monde, et que vous habitez un pays où il n'y a pas de violon.

Air de Voltaire chez Ninon.

Le violon est un endroit
Qui protég' la moral' publique,
Chacun d'sy fair' mettre a le droit
C'est un lieu très philantropique.
Par un soin tout particulier
Pour garantir l'honneur des dames,
On y voit comme aux bains Vigier,
Côté des homm's, côté des femmes.

JULIE. Ah! c'est trop fort... De grace, laissez-nous.

BERTRAND, montrant la porte. En voilà assez, et faites-nous le plaisir...

JOSEPH. V'là l'vieux qui s'fâche.

Mme TRICOTELLE. Je vous comprends... Rendez donc service aux gens.

BERTRAND. Avec cela que vous en rendez de jolis.

Mme TRICOTELLE. Suffit. Aussi, ayez besoin de moi... je vous verrais vous noyer que je ne vous porterais pas... un verre d'eau. Votre servante.

BERTRAND. Votre serviteur.

Mme TRICOTELLE, en s'en allant. Décidément, la reconnaissance n'est pas la vertu des gens de la campagne.

(Bertrand et Julie, toujours la chambre de gauche ; Charles et Joseph dans celle de droite.)

SCÈNE XII.
BERTRAND, JULIE, CHARLES, JOSEPH.

BERTRAND. Enfin, nous en voilà débarrassés... nous sommes tranquilles... Mais j'oubliais ; et Robert, qu'en as-tu fait?

JULIE. Il est resté au corps de garde.

BERTRAND. Au corps de garde!

CHARLES. Et pour long-temps.

BERTRAND. Encore une anicroche... Il se mariera quand il viendra, quant à moi, je n'irai pas le chercher au violon.

JOSEPH. Fameux. Il a déjà assez du pâtissier.

(Charles et Joseph toujours dans la chambre de droite ; Bertrand, Robert et Julie dans celle de gauche.)

SCÈNE XIII.
LES MÊMES, ROBERT.

ROBERT, dans la coulisse. Cré coquin, qu'est-ce qui me tombe sur la tête?

JULIE. O mon Dieu! c'est lui.

CHARLES et JOSEPH. La voix de Robert! quel malheur!

BERTRAND. Quel bonheur, c'est sa voix. (Les bras ouverts.) Ah! mon ami.

ROBERT, à la cantonade. On crie gare l'eau, au moins.

BERTRAND. Qu'est-ce que vous avez donc?

ROBERT, il porte deux bouteilles, un pâté, un paquet de biscuits. Ce que j'ai?.. je suis trempé... harassé... arrêté... battu... dégoûtant, et je ne suis pas marié... lâchons le mot. Les quatre élémens sont contre moi... j'aurais couché au violon si mon portier ne fût venu me réclamer... La vieille Tricotelle vient de m'arroser... s'il faut que ça continue, j'aime mieux me faire bédouin. (A Julie, qui rit.) Ce n'est pas une raison pour me rire au nez.

BERTRAND. Elle plaisante... pur enfantillage... passons l'éponge là-dessus.
JOSEPH. Oh! tu n'es pas au bout de tes peines.
ROBERT. Ce qui me console, c'est que j'ai tout reçu... car ce pâté de jambon et ces biscuits que j'ai faits pour vous, ont été respectés.
(Il pose le tout sur la table qui est près de la cloison.)
BERTRAND. Nous allons souper, et aussitôt après, pour éviter toute nouvelle anicroche, nous prenons un fiacre, et nous nous rendons ensemble chez le notaire. Julie, mets le couvert, vous, tournez la salade.
(Julie sort de scène et va chercher tout ce qu'il faut pour mettre le couvert.)
JOSEPH. Oh! quelle idée! le pâtissier ne se mariera pas aujourd'hui.
CHARLES. Comment?
JOSEPH. J'ai du jalap de reste de la maladie de mon Terre-Neuve.
CHARLES. Quoi, tu oserais...
JOSEPH, ouvrant la cloison. C'est un remède autorisé.
(Bertrand regardant Robert assaisonner la salade, tourne le dos à la cloison. Joseph ouvre la porte secrète, met du jalap dans le pâté, Charles prend les biscuits et une bouteille de vin.)
BERTRAND, à Robert. Vous ne serez pas marié cette année... vous laissez tomber des feuilles de salade.
ROBERT, mangeant la salade. Ce qui tombe dans le fossé est pour le soldat.
BERTRAND. Ces Parisiens ne sont jamais en reste pour les réparties piquantes.
JOSEPH, bas à Julie, qui rentre pour mettre le couvert. Surtout, empêchez votre oncle de manger du pâté.
JULIE. Pourquoi?
CHARLES. Empêchez-le, et nous répondons du reste. (Il ferme la cloison.)
JULIE. Messieurs, quand vous voudrez vous mettre à table*.
ROBERT. Volontiers... vous allez goûter mes produits. (Ils se mettent à table.) Voyons, d'abord un petit morceau de pâté.
BERTRAND. Il a une fameuse mine.
ROBERT. Hein! quelle couleur!.. Je l'ai fait exprès pour vous.
BERTRAND. Vous me l'avez déjà dit.
ROBERT. Oh! c'est que j'y ai mis des choses que je ne mets pas dans les autres.
JOSEPH. Et moi aussi.
BERTRAND. Allons, un petit morceau.
JULIE, à part. O mon Dieu! (Haut.) Mon oncle, c'est bien lourd pour vous.
ROBERT. Pour goûter, seulement. Il n'en mangera pas deux comme celui-là.
JOSEPH. Ouf! le vieux qui se laisse tenter.
(Charles et Joseph boivent le vin et mangent les biscuits.)
JULIE, enlevant l'assiette. Je ne veux pas... ça vous fera mal.
BERTRAND, reprenant l'assiette. Eh quoi! Mademoiselle, suis-je donc une vieille patraque... Le coffre est bon. Robert, vous me paierez longtemps ma rente viagère.

* Robert, Julie, Bertrand.

ROBERT. Ce sera avec plaisir. Mais que dites-vous de mon pâté?
BERTRAND, mangeant. C'est singulier, votre jambon a un goût...
ROBERT. Tous les bons pâtés en ont un.
BERTRAND. Au premier abord, ce n'est pas très bon; mais à la longue, ça devient... détestable.
ROBERT, à part. En effet, je ne conçois pas...
BERTRAND. Décidément, je n'aime pas ce goût-là...
ROBERT, à part. Ouf... cré coquin, quelle colique!
BERTRAND. Pour un repas de noces, nous sommes bien tristes. Vous faites une grimace...
ROBERT, s'efforçant de sourire. Moi, pas du tout.
BERTRAND. Pour vous égayer, il faut que je vous chante une petite chanson, que j'ai composée, moi-même, sur mes compatriotes les sanguilles de Melun.
ROBERT. Est-elle longue?
BERTRAND. Oui.
ROBERT, même jeu. Ah!.. Tant mieux. (A part.) Oh! là là... je ne mangerai plus de mes pâtés.

BERTRAND.
Air du Portefaix. (Une princesse de Grenade).

Un vieux pêcheur, d'un' jeune fille,
Désirait obtenir la main...
Allons, en chœur!

JULIE, ROBERT ET BERTRAND.
Un vieux pêcheur, d'un' jeune fille,
Désirait obtenir la main.

BERTRAND.
Un beau jour, il prit une anguille,
Qu'il courut lui porter soudain.

BERTRAND et ROBERT, à part, en faisant une grimace causée par la colique.
Hein?

BERTRAND.
L'anguille s'enfuit aussitôt.
ROBERT et BERTRAND, même jeu.
Oh! oh!

BERTRAND.
Quand il se présenta,
L'anguill' n'était plus là.
ROBERT, seul même jeu.
Ah!

BERTRAND, parlé et s'efforçant de rire.
En chœur! en chœur!

TOUT LE MONDE.
Quand il se présenta,
L'anguill' n'était plus là.
ROBERT et BERTRAND, même jeu.
Ah!

JULIE. Qu'avez-vous donc, Monsieur?
ROBERT, même jeu. Moi? rien, absolument rien... L'approche du bonheur... (A part.) Aie, aie...
BERTRAND, fronçant le sourcil, à part. Fichtre!

ROBERT. M. Bertrand, vous faites la grimace.
BERTRAND, à part. Ça redouble !
JULIE. Quand je vous disais que le pâté était trop lourd pour le soir.
JOSEPH, à Charles. Le jalap fait son effet.
ROBERT, à part. Il est impossible que j'aille me marier dans ce moment-ci.
BERTRAND. Si vous m'en croyez, mon cher Robert, nous n'irons que demain matin chez le notaire.
CHARLES, JOSEPH et JULIE, à part. Quel bonheur !
ROBERT, avec un sourire aimable, puis avec une horrible grimace. Cela me contrarie bien, car... (A part.) Oh ! là... là... (Haut.) Puisque cela vous convient mieux...
BERTRAND. Il est tard, je ne vous retiens pas.
ROBERT. Mademoiselle, au plaisir de... (A part.) Oh ! là, là, là. (Il sort en courant.)
JOSEPH, à Charles. Il décampe, la victoire est à nous.
CHARLES. Pour ce soir, mais demain ?
JOSEPH. Demain, on trouvera autre chose.
(Il cherche.)
CHARLES. Vois-tu, Joseph, pour me mettre bien dans les papiers de l'oncle, il faudrait que je pusse lui rendre un grand service.
BERTRAND, à Julie qui a ôté le couvert et placé la table devant la porte de la cloison. Mon enfant, va te coucher, j'ai besoin de repos.
JULIE. Bonsoir, mon oncle.
BERTRAND. Adieu, ma poule...
JOSEPH, à Charles. J'ai ton affaire, il te devra la vie.
CHARLES. Comment...
JOSEPH. Tu seras son sauveur, suis-moi, j'ai mon plan.
(Ils sortent en emportant la lumière.)

SCÈNE XIV.
BERTRAND, puis Mme TRICOTELLE.

BERTRAND, seul. Je n'ai pas osé me plaindre devant Julie... Mais je ne me sens pas bien du tout... je crois qu'une tasse de thé me serait de première nécessité... Je suis fâché d'avoir rudoyé Mme Tricotelle. (Silence.) Oh ! c'est une femme qui est sur sa bouche, en la prenant par la gourmandise. (Il va à la porte et l'appelle.) Mme Tricotelle, Mme Tricotelle...
Mme TRICOTELLE, dans la coulisse, et d'un ton revêche. Je n'y suis pas.
BERTRAND. Pardon, je voulais vous prier de...
Mme TRICOTELLE, avec aigreur. Je n'ai pas le temps.
BERTRAND. Aimez-vous le pâté de jambon ?..
Mme TRICOTELLE, d'une voix doucereuse. Voilà, voilà.
BERTRAND, souriant agréablement. J'étais bien sûr que... (Faisant la grimace.) Dieu de Dieu ! je ne suis pas à mon aise.
Mme TRICOTELLE, elle a la *Gazette des Tribunaux* à la main. Qu'y a-t-il pour votre service ? mon bon M. Bertrand.
BERTRAND. C'est pour vous demander si vous aimez le pâté de jambon.
Mme TRICOTELLE. J'en suis très *carnassière*.
BERTRAND, montrant le pâté qui est resté sur la table. Si le cœur vous en dit.
Mme TRICOTELLE. Ce n'est pas de refus... Nini l'adore.
BERTRAND. Régalez-vous-en. En retour, je réclamerai de vous un petit service.
Mme TRICOTELLE. Parlez, Monsieur, parlez.
BERTRAND. Je désirerais prendre quelque chose.
Mme TRICOTELLE. C'est facile.
BERTRAND. Il ne me manque que de l'eau bouillante et du thé.
Mme TRICOTELLE. J'ai votre affaire, tout cela est chez moi. J'ai de la braise, avec deux coups de soufflet, je suis à vous dans un instant. En attendant, si vous voulez jeter un coup d'œil sur la *Gazette des Tribunaux*. (Fausse sortie.) Il y a une cause criminelle à l'occasion d'une rente viagère qui est atroce... il s'agit de...
BERTRAND. Mon thé, Madame, mon thé.
Mme TRICOTELLE. Comment, *montez*. Faites excuse, il faut que je descende.
BERTRAND. Allez, allez, je n'ai pas la tête aux calembredaines...
Mme TRICOTELLE. Quel fameux souper je vais faire avec Nini.
(Elle sort en emportant le pâté.)
BERTRAND. Ouf ! on dirait que la colique s'apaise... (S'essuyant le front.) Tâchons d'oublier ça. Voyons ce que chante ce fameux journal. (Il lit.) « Tentative de meurtre pour une rente viagère !.. » (Parlé.) Une rente viagère !.. (Lisant.) « Le sieur Tortillard, charcutier, rue des Bons-» Enfans, payait une rente viagère au sieur Ni-» vet son parent. Le 15 mai dernier, ledit sieur » Tortillard invita ledit sieur Nivet à manger sa » part d'un pied de cochon préparé par lui. » (Parlé.) Je les aime, les pieds de cochons, quand ils sont truffés. (Lisant.) « Le repas à peine fini, » le sieur Nivet éprouva une violente colique,... » (Parlé.) Une violente colique !.. voilà qui est singulier, c'est comme moi.
(Il lit bas et sa figure exprime toutes les émotions que lui cause sa lecture.)

SCÈNE XV.
LE MÊME, JOSEPH, ROBERT, CHARLES, puis Mme TRICOTELLE et JULIE.

CHARLES et JOSEPH. Ils entrent dans la chambre de droite. Robert a les yeux bandés. Silence.
ROBERT. De grace, Messieurs, dites-moi où vous me menez ?
JOSEPH. Obéis, ou tu es mort.
CHARLES, prenant un fusil dans un coin de leur chambre. Prends ce fusil.
ROBERT. Ne me tuez pas... j'exécuterai tout ce que vous me commanderez... faut-il faire l'exercice ?
CHARLES. Suis-nous.
(Joseph et Charles promènent Robert autour de la

chambre, le font monter sur les meubles et l'en font redescendre.)

BERTRAND, dont la figure a exprimé la plus grande anxiété. Oh ciel! le pied de cochon était empoisonné... Ah! je suis perdu. (Appelant.) Mme Tricotelle, Mme Tricotelle.

Mme TRICOTELLE, entrant. Ne vous impatientez pas. Voilà votre thé.

BERTRAND. Ce n'est plus du thé, qu'il me faut, c'est du lait... une tonne de lait.

Mme TRICOTELLE. Du lait!..

BERTRAND. Des blancs d'œufs... du contre-poison...

Mme TRICOTELLE. Que dites-vous?

BERTRAND. Ce pâté était empoisonné.

Mme TRICOTELLE, se jetant sur une chaise. Ah! mon Dieu! moi qui en ai goûté... Malheureux, vous nous avez empoisonnées.

BERTRAND, même jeu. Allez me chercher un médecin.

Mme TRICOTELLE. Allez me chercher M. le procureur du roi.

JOSEPH et CHARLES. En joue, feu!

(Ils poussent Robert dans la chambre de gauche et referment vivement la porte de la cloison. Robert renverse la table et la lumière qui est dessus*.)

* Mme Tricotelle, Bertrand, Robert.

JOSEPH à Charles. Maintenant, volons à leur secours.

(Ils sortent précipitamment emportant leur lumière.)

BERTRAND et Mme TRICOTELLE, dans l'obscurité. Au voleur!

ROBERT. Au voleur!

ENSEMBLE.

Air du Serment.

BERTRAND, Mme TRICOTELLE.
Hélas plus de ressource,
Je vais mourir d'effroi,
(Ils tombent à genoux.)
Prends coquin, prends ma bourse
Et va-t'en de chez moi.

ROBERT.
Hélas plus de ressource,
Je vais mourir d'effroi,
(Même jeu.)
Brigands, prenez ma bourse,
Laissez-moi fuir chez moi.

(A la fin du chœur, ils sont tous les trois à genoux, se présentant leurs bourses. — La lumière paraît.)

SCÈNE XVI.

CHARLES, JULIE, JOSEPH, Mme TRICOTELLE, BERTRAND, ROBERT.

(Julie, en déshabillé de nuit, entre avec une lumière.)

JOSEPH et CHARLES, entrant par le fond. Pourquoi ce bruit?

Mme TRICOTELLE, à Joseph et à Charles. Protégez-nous, c'est lui, le monstre.

BERTRAND, effrayé. Robert!

ROBERT, abasourdi. M. Bertrand!.. Mlle Julie!.. Mme Tricotelle!.. la chambre de M. Bertrand!.. Je suis ensorcelé.

BERTRAND, allant à Robert. Malheureux! rends les armes et explique-nous comment tu te trouves ici.

ROBERT. Celui qui me le dirait, me rendrait un fameux service.

Mme TRICOTELLE. Aimez-vous mieux que ce soit la justice qui vous fasse parler? Elle comprendra bien, elle.

ROBERT. Alors, elle sera plus avancée que moi, car je perds la tête. Le colin-maillard, la colique, les brigands d'en bas, les brigands d'en haut, l'exercice, ma promenade sur les toits... ma chute par la cheminée, c'est pour moi la bouteille à l'encre.

BERTRAND. Qu'est-ce qu'il dit?.. avec sa bouteille à l'encre, son colin-maillard, sa colique, sa cheminée... ses toits... tout cela n'a pas le sens commun.

ROBERT. Je ne dis pas le contraire, M. Bertrand, mais c'est pourtant l'exacte vérité.

JULIE, bas, à qui Charles a tout expliqué. Ah! je comprends.

Mme TRICOTELLE, à qui Joseph a parlé bas. Ah! Je tiens le fil de l'intrigue. Laissez-moi l'interroger... (Haut.) Prévenu, au terme de l'article 381 du Code pénal, pour vous être introduit dans cette maison nuitamment, avec escalade et et à main armée, nous pouvons vous traîner de tribunaux en tribunaux... Cependant, si vous voulez être franc, l'affaire peut s'arranger : avouez simplement la chose, et tout sera dit.

ROBERT. Mais que voulez-vous que je déclare, puisque je ne comprends rien?

Mme TRICOTELLE. Eh bien! je vais tout vous expliquer, moi. Je ne vous demande que de reconnaître la vérité au passage... Vous aimez ma nièce.

ROBERT. Mais...

JOSEPH, passant à la gauche de Robert. Dites que oui.

ROBERT. Je veux bien. Après?

Mme TRICOTELLE. Vous avez voulu vous introduire chez elle, et vous vous êtes trompé de cheminée.

ROBERT, interdit. Moi, je me...

JOSEPH. Faites un effort : il y a moins de honte à passer pour un séducteur que pour un gredin.

ROBERT, à part. Au fait. (Haut.) Eh bien! je l'avoue : je suis galant, et j'ai pu, dans mon délire...

Mme TRICOTELLE, triomphant. Enfin, il l'avoue!.. Je vous prends tous à témoin... Ceci est grave, jeune homme ; prenez-y garde... Nini est mineure ; il y a des travaux forcés. Je vous laisse le choix entre ma nièce et l'article 355 du Code pénal.

ROBERT, à part. Bigre! (Haut.) Vous tenez donc bien à devenir ma tante?

Mme TRICOTELLE, avec sentiment. C'est justice. Nini ne vous a-t-elle pas sacrifié un établissement superbe? un homme de cinq pieds onze pouces! un écuyer, un être *sans torts*... N'est-il pas naturel que vous répariez les vôtres?

ROBERT. Tenez, voilà ma main... Faites-en ce que vous voudrez.

CHARLES, à Bertrand. Quant à moi, Monsieur, je n'ai qu'un regret : c'est que M. Robert ne soit pas un brigand. J'aurais été heureux de verser mon sang pour vous sauver...

BERTRAND. Jeune homme, ce dévouement me touche.

JOSEPH. Un pareil trait mérite votre nièce, M. Bertrand.., Tel que vous le voyez, il a perdu son chapeau en vous défendant sur le boulevart.

BERTRAND. Tiens! au fait, il a le mien. (Pressant Charles dans ses bras.) Vertueux jeune homme, je vous ai méconnu. Rendez-moi mon chapeau, je vous donne ma nièce, et demain nous quittons le boulevart du crime.

CHOEUR.
Air de Bobèche et Galimafré.

Allons, amis,
Allons, plus de nuages,
Tous réunis,
Plus d'ennuis,
De soucis.
Demain
Matin,
Deux heureux mariages
Embelliront enfin
Notre destin.

ROBERT.
De tout ceci, moi, je suis la victime.

Mme TRICOTELLE.
Allons, mon cher neveu, faites bonne mine aux gens.

BERTRAND.
Pauvre étranger, au boulevart du crime,
Rassurez-moi, Messieurs, montrez-vous indulgens.

REPRISE DU CHOEUR.

FIN.

Imprimerie de Mme D^e Lacour, rue d'Enghien, 12

www.ingramcontent.com/pod-product-compliance
Lightning Source LLC
Chambersburg PA
CBHW070458080426
42451CB00025B/2796